拔尖人才国际化能力培养的实践与探索

——上海立信会计金融学院序伦书院暑期海外课程研修活动纪实（2019年）

张蕾／主编

立信会计出版社
LIXIN ACCOUNTING PUBLISHING HOUSE

图书在版编目(CIP)数据

拔尖人才国际化能力培养的实践与探索:上海立信会计金融学院序伦书院暑期海外课程研修活动纪实.2019年 / 张蕾主编. —上海: 立信会计出版社, 2020.12
ISBN 978-7-5429-6658-2

Ⅰ. ①拔… Ⅱ. ①张… Ⅲ. ①高等学校—财政经济—人才培养—国际化—上海—文集 Ⅳ. ①F812-4

中国版本图书馆 CIP 数据核字(2020)第 252996 号

责任编辑 方士华
封面设计 南房间

拔尖人才国际化能力培养的实践与探索
——上海立信会计金融学院序伦书院暑期海外课程研修活动纪实(2019 年)

出版发行	立信会计出版社		
地　　址	上海市中山西路 2230 号	邮政编码	200235
电　　话	(021)64411389	传　　真	(021)64411325
网　　址	www.lixinaph.com	电子邮箱	lixinaph2019@126.com
网上书店	http://lixin.jd.com		http://lxkjcbs.tmall.com
经　　销	各地新华书店		

印　　刷	江苏凤凰数码印务有限公司
开　　本	710 毫米×1000 毫米　1/16
印　　张	9.25
字　　数	156 千字
版　　次	2020 年 12 月第 1 版
印　　次	2020 年 12 月第 1 次
书　　号	ISBN 978-7-5429-6658-2 / F
定　　价	75.00 元

编 委 会

前　言

2018 年 5 月 28 日，习近平总书记在中国科学院第十九次院士大会、中国工程院第十四次院士大会上的讲话中指出："创新之道，唯在得人。得人之要，必广其途以储之。要营造良好创新环境，加快形成有利于人才成长的培养机制、有利于人尽其才的使用机制、有利于竞相成长各展其能的激励机制、有利于各类人才脱颖而出的竞争机制，培植好人才成长的沃土，让人才根系更加发达，一茬接一茬茁壮成长。"积极探索，因材施教，构建有自身特色的拔尖人才培养模式是高校的重要任务与历史使命。上海立信会计金融学院积极响应习近平总书记提出的"加快形成有利于人才成长的培养机制"，充分借鉴境内外知名高校荣誉学院与现代书院制教育模式，在建校 90 周年（2018 年）之际正式创设序伦书院，发掘和培养具有坚定理想信念、诚信品质、全球视野和批判性思维，以及专业知识能力与道德情操并重的财经类应用型拔尖人才。

2019 年 7 月至 2019 年 8 月，序伦书院组织了 20 名 2018 级优秀学生开展了为期 3 周的美国加利福尼亚大学（以下简称加州大学）圣地亚哥分校 2019 年暑期会计与金融主题海外课程培训。这是序伦书院为开拓荣誉生国际化视野，增强荣誉生学术志趣，提升荣誉生在跨文化环境下交流、沟通、合作和竞争的能力而开展的首期海外研修活动。

本次海外课程研修项目由加州大学圣地亚哥分校知名专家学者担纲主讲，内容主要包括美式会计、金融教学方式方法、学术语言技能提升和商业领域主题阅读与探讨等，并着重就美式会计学基本核算方法、中美财会准则的区别以及金融证券、股票市场等内容进行交流。研修期间大家还参观访问了泰勒吉他工厂（Taylor Guitar）及高通公司（Qualcomm）。

加州大学圣地亚哥分校精心安排了内容丰富的培训课程。在紧张而充实的培训过程中，同学们全身心投入学习，了解美国著名高校的历史现状，体会其开放的理念和文化、教学管理体系、会计与金融学科前沿,开阔了视野与思路。回沪返校后,同学们积极撰写心得体会,梳理并内化海外交流成果。本书共收录了21篇老师和学生撰写的海外交流成果,凝聚了序伦书院在国际化方面探索研究的主要经验。它既是对序伦书院会计与金融暑期海外课程研修项目教学工作的总结,也对未来拔尖人才国际化能力培养实践具有指引和借鉴作用。我们将不忘初心、牢记使命,推动我校卓越财经拔尖创新人才培养事业持续发展,扬鞭奋蹄,继续前行!

编　者

2020年12月

目 录

·二、中美教育差异思考篇·

·三、国际化人才培养建议篇·

序伦书院党伊雯带领学生赴美国加州大学圣地亚哥分校参加2019暑期海外课程研修项目小结

一、基本情况

2019年7月28日至8月18日，序伦书院辅导员党伊雯带领20名学生的访学团组赴美国加州大学圣地亚哥分校，开展为期3周的会计与金融暑期海外课程研修项目。本项目是序伦书院2019年度高水平地方应用型高校一流本科建设项目——“序伦书院”卓越财经人才培养模式改革项目中特为学生制定的暑期海外课程研修项目，旨在强化荣誉生国际化能力的培养，帮助更多优秀学生开拓国际化视野，增强学术志趣，提升学生在跨文化环境下交流、沟通、合作和竞争的能力。

加州大学圣地亚哥分校(University of California, San Diego，以下简称UCSD)，是设立在美国加州圣地亚哥市拉霍亚(La Jolla)的一所世界顶尖的研究型大学，隶属于著名的加州大学系统，是环太平洋大学联盟和北美顶尖大学联盟美国大学协会(AAU)成员。该校被誉为“公立常春藤”盟校，是最高级别(Tier-1)全美最顶尖公立大学之一。UCSD成立于1960年，其中27位校友及教研人员曾获得28项诺贝尔奖、3项菲尔兹奖、8项国家科学奖章、8项麦克阿瑟天才奖和2项普利策奖。该校在2019年世界大学学术排名(ARWU)中位列世界第18位；2019年《美国新闻与世界报道》(*U.S. News & World Report*)世界大学排名中位列世界第17位。

二、主要成果

(一) 课程学习部分

本项目为期3周，课程主要分为四个部分，即8小时/周的会计专业课、

4 小时/周的金融专业课、4 小时/周的商务英语及 2 小时/周的创新创业课程讲座。会计与金融课程(见图 1)由加州大学圣地亚哥分校继续教育学院教授 Michael Howard 为学生授课,内容主要涉及会计学基础知识、中级财务会计、中美财会准则的区别以及金融证券、股票市场等方面的知识。课堂上,教授以会计、金融英语专业名词解释为引导和开端,带领学生回顾会计学与金融学理论知识,以此为基础进行实务性训练,培养学生的实践能力,并进一步引导学生对于财务报表分析、企业管理和国际金融等方面的初步探索。在注重拓展性思维、实践练习、开放式授课的美式教学方式方法中,学生收获颇丰并深有感触。尽管起初学生们对专业名词掌握不足导致与教授的互动不够积极,但课后学生们认真对照教授给的专业名词表查询词汇并按时预习,并在之后的课堂中表现越来越出色,勇于发言,积极互动,学生们突出的表现受到教授的夸赞。

图 1　会计与金融课堂

商务英语课程(见图 2)是学生参与度高且课堂气氛最活跃的一门课程,Moira Mcbride 老师以学生专业为核心进行备课,围绕财务报表分析所需词汇进行讲授，具有针对性和实用性。该课程通过听、说、读、写四个方面着重培训学生的学术语言技能，同时，以商业领域为主题，组织学生开展主题阅读与探讨，提升学生的商务英语应用能力。此外，Moira 老师常常利用“角色扮演”这种新颖的教学方式，如以银行办信用卡或企业财务报表分析为情景，让学生分组、分角色体验，以此营造有趣、有序的英语对话环境。在这种有趣、互动性强的教学模式中，学生的跨文化交流意识以及在商务领域中的语言交流技巧有了一定的提升。

图 2　商务英语课堂

在创新创业课程讲座（见图 3）中，客座教授 Brad Shoen 围绕企业家精神进行话题展开，结合自身创业者、企业管理者的身份现身说法，促进学生对于“创业”的深入理解，进一步了解企业家所应具备的品质，帮助学生树立积极进取的心态。此外，Brad 教授利用案例分析的方法，引导学生意识到创业是一种思维、推理及行动方式，创业者要具备实践能力和洞察能力，不仅要识别机会、创造机会，更重要的是要具备抓住机会的能力。

图3　创新创业课程讲座

(二) 参访活动部分

在忙碌的课程学习之余，学校还组织学生们参观了美国加州大学圣地亚哥分校校园和圣地亚哥市中心，并对 Taylor Guitar(泰勒吉他工厂)及 Qualcomm(高通公司)(见图 4)进行了参访。

Taylor Guitar 创建于 1974 年，是美国最大的原声吉他制造商之一，在参访 Taylor Guitar 的过程中，讲解员全程带领学生们参观了吉他制作的各个步骤，并对木料选材，面板、背板、琴颈的制作，喷漆、品丝安装等制作工序进行了详细的讲解，使学生们了解到吉他制作的每一道工序都需要工人专注、细致的制琴技术和丰富的经验。学生们对吉他制作过程充满了好奇心，参观后纷纷表示无论在任何行业、哪个岗位，要保持领先地位，都需要持之以恒，始终不忘初心。

美国高通公司创立于 1985 年，总部设于美国加利福尼亚州圣地亚哥市，33 000 多名员工遍布全球。高通公司是 5G 技术研发的领先企业，目前已经向全球多家制造商提供技术使用授权，涉及大部分电信设备和消费电子设备的品牌。对高通公司的参访分为企业博物馆参观和讲座报告两个环节。一位技术高层带领学生们参观了企业博物馆，对企业历史、技术发展、企业文化、社会责任等方面进行讲解。学生们在参观高通企业博物馆过程中深有感触，与讲解员针对高通 5G 技术的研发、5G 通信技术的军事应用以及智能化战争进行了深入的探讨和交流。随后，一位公司管理层人员为学生们作了一场关于公司财务及股权结构的讲座，并对学生们提出的专业性问题给出了详细的讲解。

图 4　参访高通公司

三、出访体会

在为期 3 周的暑期海外课程研修中，学生们通过寓教于乐的教学模式、深入的专业课学习、优秀企业参访中的思考以及各类讲座的头脑风暴，拓宽了国际化视野，培养了学术性思维，提升了学术志趣。美国加州大学圣地亚哥分校丰富的学术资源、浓厚的学术氛围、良好的学习环境，激励着学生们脚踏实地，刻苦奋斗，牢记初心，砥砺前行。

四、外事纪律

在本次出访中,访学团组严格遵守外事纪律,按照上级批复行程进行并按期回国;严格按照预算经费执行,费用支出严格遵守相关财务制度;因公证照已交还至国际交流处保管。

序伦书院党伊雯及团组学生

2019 年 9 月 1 日

一、海外课程研修项目感悟篇

中西教育碰撞的火花
——记 UCSD 访学之旅

| 杨雨曦

2019 年暑假我有幸参加了序伦书院组织的海外课程研修项目，在美国加州大学圣地亚哥分校体验了为期 3 周的海外访学，感受了美国高等学府的学术氛围和文化魅力。在拓宽了眼界的同时，我对于未来进一步的学习、工作、生活及职业的发展规划也有了进一步的思考。

我们在全英文的授课环境下学习了美国的会计金融类课程和商务英语课程，聆听了受邀演讲者关于创新创业为主题的讲座，并参观了圣地亚哥的城市风光。这 3 周对我而言，学术素养培训和人文情怀培养并重，极具意义。

一、会计金融类课程

3 周里，我们学习最多的就是会计金融类的课程，每周 4 节，在这 12 节的课程中，我们学习了会计、金融的理论与实践基础（Basics in Financial Acct. Theory & Practice）；资产负债表和利润表（Balance sheets & Income statement）；应收账款和应付账款（Receivables & Payables）；库存商品和折旧（Inventory & Depreciation）；管理会计的理论和实践（Managerial Accounting Theory & Practice）；T 形账户（T-Accounts）的编写；财务报表分析（Financial Statement Analysis）；本量利分析（Cost Volume Profit Analysis）；制造成本特性（Manufacturing Cost Characteristics）；日记账分录（Capital Lease Journal Entries）等。

我认为，美国关于资产负债表、现金流量表、日记账分录、T 形账户、会计分录等的编写，和国内的会计准则的规定差异并不大，课堂的授课方式也是以老师讲课居多，课上还会有习题环节，老师会通过板书与我们核对习题答案。

关于企业会计准则，中国国内采用的是 PRC CAS 企业会计准则，而美国采用的是 US GAAP，所以在某些方面，两国的会计处理方式不同，我在此次海外课程研修项目中也充分体会到了这种差异，尤其在本学期进行了中级财务会计的初步学习，更能体会到两者的明显差异。

首先，在成本确认方面，国内已不再使用后进后出法，而美国仍然允许使用。其次，在跌价转回方面，国内可以转回而美国禁止转回。在这次海外课程研修项目中，我们有一节课专门学习了关于存货折旧的会计处理，而在回国之后的中级财务会计学习中，我发现在折旧方面，美国无论是现金折旧还是商业折旧均作为总收入的减项，在计算净收入时扣除，中国则根据折旧的不同，采用不同的会计处理方式。在回国学习了中级财务会计之后，我才逐渐意识到两国会计准则明显的差异。

在国内学习会计学原理课程的时候，老师并没有花费太多精力讲述现金流量表的编写，但是在美国，我们有一节课专门进行了现金流量表的学习，这对于我们来说并不是很熟悉，而这堂课也进一步完善了我的会计学知识体系。

对我们而言，学习美国会计金融类课程最大的困难就是其中有诸多会计学专用的英语学术用语，虽然老师在课程开始前已下发中英对照的会计学术有用名词相关资料，但是由于会计科目众多，我们并不能很快掌握。好在老师讲课的速度不快，我们在学习过程中并没有出现跟不上老师进度的情况。

二、商务英语

课堂氛围最轻松自在的是商务英语课程。与会计金融类专业课程严谨的学术氛围相比，商务英语课程让我感受到了美国课堂的另一种气氛——开放、包容、自由、轻松。

商务英语课程，顾名思义，是学习商务英语的表达方式，包括口语和书面语。第一节课我们就被老师的亲切笑容所吸引，在上课之前，她放了一些和金钱有关的广为人知的音乐，将音乐作为课堂的导入，在这种氛围中，我们学习了商务领域有关金钱的英语俗语。除了课堂教学，老师还充分运用了多媒体学习平台Quizlet（一款用于创建和归类在线记忆卡的应用），老师会在 Quizlet 上发布作业和课程教案，便于我们在下课之后对课程内容进行复习和巩固。

在商务英语课程上，我们学习了对于图表趋势的专业描述，包括表示上升、下降、曲线波动、最高点、最低点、暴涨、暴跌、保持稳定等形容趋势的单词，并为这些词语增加修饰词，如大幅度上升、略微下降等表述，许多专有名词是我们不曾学过的。为了辅助教学，老师还下发了描述成本、运输费、劳动力的曲线趋势图,让我们运用所学词汇对曲线趋势图进行具体描述,将商务和英语充分结合,这既体现了商务的实质,又将所学运用到了实际描述中。我们大部分人未来都有可能接触商务合作,在合作过程中为对方描述产品或者数据的波动时,必然有机会运用到课程所学内容,这让我们很是受用。

除此之外,我们还学习了一些商务上的专有名词,如抵押(Mortgage)。为了熟练掌握这些专有名词的意义,我们进行了模拟角色扮演,每个同学都会有自己的角色设定,设定包括角色的工作、收入、是否有车有房等。一部分同学扮演顾客去银行办理贷款业务,另一部分同学扮演银行的经理提供服务,在模拟对话的过程中,我们在掌握一项业务大致的办理过程的同时,也进一步了解了专有名词的使用方法。

商务英语老师还注重和我们讨论中国和美国的诸多差异,在课堂上总是会让大家分小组进行交流,并组织小组间的竞争评比。我们会交流美国学生校园社区生活与国内的不同,也会讨论中西方的文化差异,包括饮食文化和生活习惯,还会讨论这次项目对我们回国后未来发展方向的影响。

商务英语课程是一节兼容并包的课程,相比起国内序伦书院为我们提供的英孚外教英语课,美国的课堂氛围要比国内的英孚外教课堂更为活跃自由。国内英孚外教的课程,由于有教案和课堂教学内容的严格限制,并没有给老师过多自由发挥的空间。我认为英孚外教在教学内容上或许可以进行更改,增加更多有实质性的,对学生未来学业、职业发展更有利的内容,同时在交流方面给学生更多讨论的时间,在课堂形式方面也可以像商务英语课程一样采用类似角色扮演的形式,让学生更有代入感,在增加知识趣味性的同时,同学们也能记住教学知识。

三、创新创业讲座

创新创业讲座的课时安排是每周一节课,讲座主题分别为企业家精神是什么(What is Entrepreneurship)、经营模式(Business Models, Pro Forma P & L and Pitch Decks)、成功和失败(Successes and Failures)。

在我看来创新创业讲座最能体现此次海外课程研修项目的目的。海外课程研修项目可以让我们感受国内外不同的思维模式,包括他们看待问题的角度、处理问题的过程和解决问题的方式。老师从什么是企业家精神入手,第一节课便让我们即兴做了一个 Elevator Pitch(电梯游说),介绍自己的兴趣爱好等,在讲述兴趣的过程中我们能够发现老师紧跟潮流，与我们存在许多共同语言，如他对 k-pop（韩国流行音乐）感兴趣。此外，我们还了解到这位老师是成功创业的典型人物，受他的影响，他的女儿也在创业上颇有成就。

在讲座上，老师阐述了他对企业家精神的理解，如“富有企业家精神的人是给人创造机会，而不是仅仅创建公司”“没有人天生就具有做企业家的资质，企业家精神都是后天培养的”“企业家不是单方面就能成功的，他离不开团队合作”，这些阐述使我们对企业家精神有了更直接、更深入的理解。讲座中，老师用诸多例子加深了我们对企业家精神的理解，他为我们讲述了阿里巴巴及 Facebook、Google、Apple、Uber 等企业创始人的创业经历，以及老师自身的创业经历等。这些例子中有些企业家是自己萌生了一个具有创新性的想法，有些是改善了已经存在的模式，有些则是将现有资产或公司换了种模式进行运营。老师通过各种事例和案例，向我们解释了成为企业家的五点关键因素，分别是乐观、关注身边的每一个人、做出牺牲、不要着眼于所谓的流行东西、不要期望每件事都等着你做好准备。换个说法就是，我们要具有创新精神，善于发现生活中的亮点，随时准备抓住机会，在创业过程中注重合作精神。

成为企业家或许是一部分在校大学生的梦想，因此有这个机会了解如何创建公司，如何成为一位优秀的企业家，并了解中西方不同企业家的精神内核，不仅为我们未来的发展提供了更多可行的发展路线，更重要的是使同学们学习了企业家精神的核心，进一步提升了自我素养。

此外，老师让我们分小组进行了模拟经营的讨论，讨论主要围绕如果我们要创建公司，会创建什么类型的企业、会销售哪些产品、会以什么样的模式经营。企业经营需要选取适合企业发展的模式，同时也少不了竞争，要了解竞争对手，在了解他们的优势和劣势后再确定自己的创业方向，这种企业家精神的理念也同样适用于我们的学习生活中。

四、参访活动

3 周的时间里，我们游览了圣地亚哥，参观了泰勒吉他工厂，并有幸走访了高通公司。

圣地亚哥是一座不大的海滨城市，气候温和，空气清新，在城市游览中我们前往高地俯瞰了圣地亚哥的城市全景。由于圣地亚哥处于美墨边境，我们也得以窥到墨西哥的一角。

参访活动的第二站是泰勒吉他工厂，泰勒吉他工厂以“只做最好的吉他”为宗旨，我们在其销售区域看到了用不同的木料、不同的做工制作成的具有不同音色的吉他，随后我们前往了吉他制作工厂观看了吉他制作的全过程，从挑选木料到绘图打样，再到安装吉他的琴身和琴弦，我们又接触到了一个新的领域。

第三站是高通公司，高通是全球 3G、4G、5G 技术研发的领先企业，向全球多家制造商提供技术使用授权，涉及了世界上所有电信设备和消费电子设备的品牌。我们参观了企业发展史博物馆，博物馆内陈列了企业从 1985 年成立至今的各项有重大意义的里程碑式成就。高通公司致力于移动通信业的技术研究，不仅向手机、电脑等设备提供技术支持，其经营领域还涉及了蓝牙设备技术等。在当今的大数据时代，5G 必然是全球信息技术发展的主流。在介绍了公司的发展历程之后，负责接待我们的高通工作人员开始和我们就中国在 5G 技术上的成就和发展现状进行了深入讨论，同学们纷纷对 5G 技术的未来发展前景表达了看法。

高通公司是移动通信业的领军者，在 2018 年世界 500 强企业中排名第 392 名，我们将来若想进入这样的大型企业，必然要成为一名具有国际化视野的人才，因此在取得较高学历的同时，我们更需要注重对英语的掌握和应用，以及对不同文化的包容。在我看来，这也是学校组织海外课程研修项目的目的。要想成为全球性人才，我们必然要学会面对中西方文化差异的冲击，这也是未来在学业、职业发展中必须要克服的难点。

五、对书院国际化人才培养的建议

刘宪娟在《中外合作工程人才培养案例研究》一书中提到，美国高等工程人才培养的特点有五点，即将人文、经济、文化、艺术和教育融入工程教育课程体系中；在重视对学生的数理与工程基础教育的同时，注重对学生工程实践能力的训练；充分发挥学生的个性，采取以学生为中心的培养方式；进行学科交叉，发挥交叉学科的优势；高等工程学校重视与企业的合作。① 在 3 周的海外课程研修项目中，我也深刻感受到在美国学校中对于学生自我意识培养的重视，他们倾向于和学生面对面的交流，同时鼓励学生尽可能地表达自己的观点看法，他们注重创新性的观点，不局限于课本知识。此外，小组讨论和团队协作也是美国课堂经常

① 刘宪娟.中外合作工程人才培养案例研究[D].上海：华东理工大学，2012：1-77.

会出现的环节。

在课堂氛围方面，和国内相比，美国课堂更为轻松自在。以商务英语课程为例，老师通常会在上课之前播放音乐调动课堂氛围。根据霍夫斯泰德文化维度理论，美国的权力距离更小，这使得学生和老师之间的距离更近，学生与老师的交流更为密切。

我认为，为了序伦书院国际化人才的培养，此类海外课程研修项目应该持续开展。在国内打好英语基础和学习基本学科知识固然重要，但只有真正在不同的文化氛围下学习，同学们才会真正对跨国文化有所感悟。

除了开展海外课程研修项目外，书院也可以尝试开展交流生项目，邀请国外名校的学生参与到我们的课堂之中，如开办中外合作工程人才培养。以上海交通大学密西根学院为例，其通过借鉴美国密西根大学优质教育资源和先进的培养模式，将学生培养成创新型领袖人才，将学院发展为涵盖多个学科领域、具有创新思想和卓越声望的教学和科研中心。

序伦书院目前所开展的跨国文化、公共演讲、雅思英语等课程对于打好学生英语基础、培养学生英语思维有深远影响。但我认为书院也可以尝试邀请国外教授，开展类似我们此次项目中创新创业课程的相关讲座，采取案例分析的形式，通过有趣的故事增加学生参与的积极性。

六、小结

非常荣幸能参加此次的海外课程研修项目，无论是在学习还是生活方面，我都受益匪浅，而序伦书院所倡导的学术精神和人文素养并重，在这次的项目中也得到了充分体现。很高兴能在这座美丽的海滨城市，在这座友好热情的高等学府进行学习。通过与不同文化背景的人进行交流和思维碰撞，我感到有趣且有益。这次交流项目更坚定了我学好英语的决心，而在亲身体验过海外的学习过程和教学方式后，我也开始思考未来去海外留学的可能性。

一个大学、一个民族或一个时代，最宝贵的财富莫过于独立、自由的精神。传道授业，传道先于授业，而所谓大学，更不应该只是一个职业培训所，它的目的在于塑造灵魂，而非仅仅传授技能，我相信序伦书院亦有自己的精神和风骨。

不一样的课堂
——记大一暑期访学之行

| 方舒倩

2019 年 7 月 28 日至 8 月 17 日，我前往加州大学圣地亚哥分校参与了为期 3 周的暑期海外课程研修项目。很荣幸，我能成为 20 名学生中的一员。在此次行程中，我领略了很多新奇的事物，于我而言，是一次深刻的体验。

一、行前概况

此次项目书院早有计划，并为推进此次项目付出诸多辛劳。2019 年 4 月上旬，此次海外课程研修项目正式拉开序幕，全体学生按照 2018—2019 学年综合测评成绩进行排名，并举行剑桥英语水平考试，在英语成绩符合项目要求者中择优遴选 20 名学生参加此次项目。书院此举，意在提高学生的国际化能力，帮助学生开拓国际化视野，增强学术志趣，提升在跨国环境下交流、沟通、合作和竞争的能力。经过多方面的考虑与协调，书院最终选择了加州大学圣地亚哥分校。加州大学圣地亚哥分校是一所世界顶尖的研究性大学，学术水平高，在 2018 年 US NEWS 世界大学学术排名第 15 位。能够去这所世界著名的学校访学是我的荣幸。

在项目负责老师的帮助下，我们一行人都顺利通过了签证。准备材料的过程于我而言是繁琐的，甚至成了我一次情绪崩溃的导火索，幸而结果是喜人的，而且在提交材料过程中学习到了一些知识。这也让我体会到，人生的每一次体验，无论其过程是悲伤的还是欢愉的，最终都能为日后面对问题时增添一分底气。

二、项目期间概况

2019 年 7 月 28 日下午，我们从上海浦东国际机场出发，到洛杉矶转机再到圣地亚哥，于当地时间 7 月 28 日 19 时左右到达。十几个小时的旅程使人劳累，我并没有感受到时差带来的冲击。经过一晚上的休息整顿后，第二天即周一我们便注册入学，正式开启了我们的访学生活。

(一) 课程学习

此次的海外课程研修项目以会计与金融为主要内容，采用美式会计与金融教学方式，为我们展现了一个极其迷人的金融世界，在短时间内助力我们在行业领域内快速成长。课程内容包括加州大学圣地亚哥分校的美式会计与金融教学，同时还包括创新创业以及管理相关主题的客座讲座，此外，还有注重学术语言技能提升和商业领域主题阅读与探讨的商务英语课程，旨在提升我们的会计与金融商务英语应用能力。在课程学习的同时，我们在全英文环境中提升了沟通技巧，加深了对美国文化与社会的了解，并提升了商业领域中的实践能力。

就我个人而言，会计与金融课程是其中效用最大的课程。教授会计与金融课程的是一位慈祥而细心的老教授，考虑到我们语言方面的弱势，他还为我们准备了课程重点单词的中英文及拼音对照。因为在大一上学期学习过会计学原理，所以会计方面的内容学起来比较顺畅。在学习的过程中，我们了解了国际会计、国内会计和美国会计的差异。国内会计与美国会计在很多内容上都是共通的，在学习的过程中，我们也得以复习之前所学习过的内容，并为大二要学习的中级财务会计课程做准备。有时，我们听教授解释一些概念，会从懵懂到把它和国内所学的某个概念联系起来，然后恍然大悟。这样的联系能加深我对所学内容的理解，却也暴露了我语言方面的弱势和知识理解能力的不足。相较而言，偏向金融的课程效果就没那么好了。上课时，我甚至有些跟不上教授的进度，即便是求助了周围的同学，学起来仍是吃力。而教授从我们的课堂反馈中应该也察觉到了这一点，教授内容的侧重点有所改变，并且后期的课总体讲的比前期慢，且计算问题多于理论研究。在计算问题中，他对数字有很多读法，并不拘泥于形式，只求可以表述清楚。此外我还发现，这位老教授并不喜欢用 PPT，而是更喜欢传统的板书。我本以为在国外上课，PPT 是必备的，但发现这是因人而异的。相较而言，反倒是我大学一年并未上过不用 PPT 的课程。由此可见，这只是个人习惯，与国家文化并没有什么大的关系。

商务英语课程则是由 Moira 女士教授的，是形式最为多样的课程。这一课程学习的东西偏简单，并不需要消耗太大精力。但学习内容之外，用来盛装这内容的“盘子”却是令人眼花缭乱的。角色扮演、分组比赛、Quizlet 上的竞争性测试和学习游戏等，她每次的上课方式都会给我们带来惊喜。但商务英语课并不是只有形式上的优势，Moira 女士将她自身的热情与活力带入了课堂，她的快乐感染了我们，让我们在轻松愉快的氛围中学习。课程的内容包括学习商业英语的单词，描述财务报告中图表的短语、句式，进行银行办理贷款业务流程的简单模拟等。与国内差别最大的应该就是课堂氛围的随意性，教室内的桌椅是相连的，下面带有轮子，老师总是让我们随意选择自己喜欢的座位，或将桌椅挪动到舒服的位置，而没有必要一排一排整齐地坐在一起。虽然我们仍旧是照着国内的习惯整齐地列坐着，但是当分组活动时，课桌椅活动性的优势还是体现出来了，我们可以直接移动桌椅与其他同学交流，而不是站着绕过桌椅进行交流，这感觉是完全不同的。此外，在她的课堂上，她主要的职责是引导我们相互交流，而非主导我们之间的交流。这些都使得她的课堂氛围变得轻松活跃，上课也不是单纯的上课，而是在交流中学有所得。

为我们带来创新创业以及管理相关主题的客座讲座的是 Brad 先生，他的讲座一共有三次，该讲座是所有课程之中让我最受启发的。这不单单有语言方面的原因，还有主题方面的原因。在第一次讲座中，他讲述了建立一个公司的基本步骤；第二次讲座的主题内容是在创业管理过程中如何克服挑战、避免陷阱；最后一次讲座讲述的是一些成功创业和失败创业的案例。在第一次讲座上，他让我们即兴演讲几句，介绍一下自己。正当我犹豫、忐忑的时候，却被老师点名从我开始说，我只好硬着头皮开始了演讲，而只说了几句的我，竟也被他称赞了。尽管这称赞是对每个人都有的，但在当时让我整个人都放松了下来。而后面的课堂上，他便为我们分发了讲义，结合讲义内容，我被他所讲的故事深深地吸引了。在他的课程中，我印象最深刻的并不是他讲义中所教授的内容，而是他对于学生提问的回答。当有同学问他，创立公司最终将它卖出不会有所不舍吗？那其中的工人又会怎么样呢？他的回答是，工人是忠于公司的，而并非忠于公司的所有人，因而卖出公司于他们而言并没有太大的改变。对于公司的创立者而言，他们创立公司，并使其具有竞争性，其最终目的便是将它卖出，这是他们的选择。因为一个公司的长期经营需要有很多因素共同作用，有时候作为公司创立者，他们虽然让它在初期具有竞争力，却难以保障它的长期发展，有时将它转卖给大公司是因为大公司所具有的资本和市场能够给它更好的发展空间。这一番话，让我对那些专长于此的公司创立者有了新的理解。

除了三门课程的老师，还有其他的教职工，他们虽然不直接参与教学，却保障了教学所需的各种设施以及材料，他们对我们学习的帮助也是不容忽视的。在旁听他们与教师的交谈时，我也能习得一些日常用语。

(二)校外参访

除校内课程外,海外课程研修项目中学生还可以免费参加校内外的社会文化活动。圣地亚哥位于加州西南部,是美国的第六大城市,这里不仅气候舒适,而且有许多主题娱乐公园和历史文化建筑。此外,圣地亚哥还是加州第二个以高科技产能为主轴的城市,在这里聚集了许多著名的无线通信公司,不少全球主流的高科技企业均在此地设有专门的无线通信研发机构。学校在每周三下午都为我们安排了参访活动,令我印象最深刻的便是去美国著名的无线电通信技术研发公司高通公司参访。

高通公司创立于1985年,我们前往的便是其设在圣地亚哥的总部。它在以技术创新推动无线通信向前发展方面扮演着重要的角色,并以在CDMA技术方面处于领先地位闻名。高通公司的企业文化十分重视研究和开发。到达高通公司时,我们便看到了它的专利墙,这实在是令人惊叹。在内部参访时,我们不仅参观了它设于公司内部的博物馆,还在会议室旁听了它的近期财务报告,着实开阔了视野。虽然无法在参访中得知它是如何管理、如何协调员工的,但是博物馆中那些随着年代的前进而更新换代的模具、资料,足以令我心生叹喟。正是一个又一个这样的公司,正是这样的技术,带领我们走向了科技的未来。

我们还参访了泰勒吉他工厂。我对乐器并不了解,但从介绍可知,泰勒吉他工厂虽只创建了40余年,却已栖身高级吉他的行列。它的木料、做工、音色等各方面都在不断挑战人类制作吉他技术的极限,展现了其执着于吉他制造技术的深入研究,这些足以展现它的优秀。在参访过程中,我们进入工厂,看到了吉他从原木到零件再到组装的全过程。虽然没有细细观摩工人们制作的具体操作,但这样的流程模具,用于制作的机器,以及愉快而专注地制作着吉他的工匠,都让我印象深刻。事实上,工作中的工人着实吸引了我,他们就像我在圣地亚哥遇到的其他民众一样,都在享受着生活,享受着工作。

此外,我们还进行了圣地亚哥城市景观的游览。在游览过程中,我们乘车随着城市沿线大致观览了几处著名景观。在最后一周的周末,我与几个同学还有辅导员去参访了中途岛号航空母舰博物馆。中途岛号航空母舰于1992年4月宣布退役,是美国使用时间最久的航空母舰。在里面,我们通过领取的解说设备,可以收听每一架飞机及其飞行员背后的故事,了解很多他们作战时的情况以及一些军事入门知识。站在航母的甲板上,望着近处的飞机与远处的海面,倾听着过去的故事,脑海中想象着当时的画面,跨过历史的洪流,我与那激荡的岁月建立了某种联系。最令人动容的是在甲板上做志愿者的退役老兵,向身处和平的我们讲述着真实发生在他们身上的战争故事与感受,让我再次深刻地意识到和平并非是凭空得来的,而是用血和生命铸就的。

除了校外的参访活动,UCSD 校园内的一些建筑也令我心驰神往,着重想要介绍的便是它的图书馆——Geisel Library(盖泽尔图书馆)。这座图书馆位于 UCSD 的几何中心位置,其内部按楼层分为不同的活动区域,偏高层的楼层用于自习和阅读,还有用于小组讨论的会议室,低层则是活动讨论区、计算机房和打印室。我最喜爱的是其中的书桌摆放方式,有很多桌子都是对着窗户摆的,说是窗户,其实是玻璃的落地窗,而盖泽尔图书馆的地势较高,当我们坐在窗户边的书桌学习时,一抬头就可以望见远处的风景,实在是令人心旷神怡,我们也能得到很好的情绪舒缓和心灵治愈。我们感叹道,在这样的环境下学习,整个人都是愉悦而宁静的。

三、感悟与收获

整个访学内容就是以上我所叙述的三门校内课程、三次校外参访,以及空余时间学生的自主活动。在访学之前,我们也有短学时的海外课程来帮助我们适应海外的授课环境,只是此课程在施行过程中与所计划的有所偏离,老师因为我们的不适应会选用中英文交替的授课方式,这就大大降低了学生对于全英文授课适应性的培养。因此,针对序伦书院国际化人才培养及后续海外课程研修项目的持续性开展,我建议在课程方面,可设置跨国文化选修课作为有海外访学意向学生的必修课,让其对于国外环境有更多的了解,减轻文化冲击。而对于海外课程研修项目的选择和安排,我们所掌握的主动权有限,在课程设置和交流形式方面,我们无法根据自身需求进行设计,而是要在已有的项目课程和活动中选择相对合适的,这也是现今高校通过专业机构与海外高校建立的短期海外访学项目的通病。

在课堂上,我们与老师的互动交流仍有欠缺,不能很好地表达自己的观点。对此,我们应当在平常学习中加以培养和锻炼,勇于表达交流。而对于校外参访,不应只在意参访过程,可以在参访过后进行集体讨论,加深对参访内容的理解和思考。此外,可以对访学高校的文化活动多作了解,增加与当地的文化交流。此次因为关注不足,一些颇有意义的课外活动都错过了,着实可惜。在此,我建议参加下一期海外课程研修项目的访学学生,在没有课程和活动安排时,应走出去多接触异国风光，无论是观览当地风景，还是借助图书馆资源学习，都不失为有意义的选择。

这次前往 UCSD 参加海外课程研修项目，是我第一次完全在英语环境下学习，并全程参与全英文授课，这对我将来的学习颇有借鉴意义。在学习之外，许多其他方面的人生体验也是十分丰富的。例如，我更近距离地体验了国内与国外的差异与相似之处，在 UCSD，运动场地上经常是热闹非凡、生气勃勃的。他们的课外活动十分丰富，包括飞盘、网球、篮球、足球、橄榄球等，他们对于体育运动的热情是十分值得我们学习和倡导的。

在 UCSD 学到的很多东西都是潜移默化的。我本以为 3 周的时间并不长，且几乎都与同学们在一处，英语应该进步不大。但在本学期英语课中，我却发现相较大一而言，我可以更加自如地进行英文交流了，即便是词汇量不太够，也可以磕磕绊绊地说出来。由此可见，海外课程研修项目已经改变了我，只不过这变化在细微之处，不易察觉罢了。

参加暑期海外课程研修项目对我的影响是无法言说的。日后若有可能，我希望能去更多的高校学习，提升自己的能力，为社会建设与发展添砖加瓦。

一次经历，一次成长

| 陈锦雨

2019年夏天，我与19名同学共同前往美国加州大学圣地亚哥分校，进行为期20天的访学活动。在等待签证的过程中，我就对即将到来的美国之行无比期待。这是我第一次亲身接触美国的一流高校，非常想借这次机会感受美国的教育环境，提升自己的英语交流能力，让自己有所收获。

一、三门核心课程

在加州大学圣地亚哥分校，我们一共进行了三门课程的学习，分别是会计与金融课程、创新创业课程以及商务英语课程。

会计与金融课程的老师Mike，是一位德高望重的教授。这门课程的很多内容都非常接近我们大二即将要学习的中级财务会计课程，如存货计价方法中的先进先出法、全月一次加权平均法、如何对固定资产进行累计折旧等内容。同时，我也发现了中美的会计准则存在明显差异，如美国可以使用后进先出法，中国则不可以使用。Mike教授上课采取的教学方式类似于国内传统的上课方式，在课程一开始先为同学们讲解知识点，由简到难，之后，再下发练习卷，一步一步指导学生完成课堂练习。一天的课程结束后，他会要求我们自主复习与回顾。

创新创业课程的老师Brad Shoen在任教之前是一位成功的商人。改革开放初期，他曾经在中国香港创业并且在2008年金融危机之前结束了自己全部的生意。他告诉大家，在大学生涯里，如果不明确自己是要直接就业还是创业，就努力扩大自己的阅读量和知识量，书籍中自会有我们想要的答案。第一次上课时，他让大家进行了一个Elevator Pitch的游戏，在一分钟的时间里用最简单的表达来介绍自己的优势。在游戏中，我们发现很难将自己真正的优点表达出来，往往会在介绍中增添许多无用的信息，浪费宝贵的时间。对于创业者来说，能够快速吸引投资者是一个基本的能力，值得我们日后去深究。

在创新创业课程后，我向 Brad 老师提出了一个问题："我认为你们的创业成功是因为你们恰好赶上了创业的好时代，作为创业者先驱，你们的创业成功概率是很大的。而对于我们来说，在这么多行业巨头面前，创业难道不是一个巨大的挑战吗？"Brad 听完我的问题立马否定了我，他说："任何时代都是创业的好时代，你应该努力地去明确你的发展方向，找到属于你的好机会。"回去之后，我一遍又一遍地思考了 Brad 的话，内心逐渐明朗，创业是一种值得所有人钦佩的勇气，如果选择创业，就不应该去顾虑太多的风险，并且也要做好失败的准备。这又让我联想到了国内高校最近几年积极鼓励大学生参加创新创业的比赛和活动，其目的就是鼓励学生们多多思考，在项目实践中检验自己的想法，从而获得更多的成长和收获。

商务英语老师 Moira 是一位优雅的女士，脸上总是充满着阳光的笑容。因为商务英语课程都是在午休后开始的，大家此时的上课状态都相对较差。所以，每次进入教室，她都会通过一些生活化的问题如"Do you have a nice weekend?""What did you eat at lunch?"等来引导同学们进入课程，这一下子拉近了与学生的距离。她上课最大的一个亮点在于使用应用软件 Quizlet 来进行教学，类似于我们国内大学生常用的"学习通"。在 Quizlet 上，我们可以预习、复习知识，和同学们比对学习成果，以小组为团队完成游戏等。虽然内容很多，但通过使用 Quizlet 的练习，我们对一些商务英语用语都产生了深刻的印象，达到了很好的教学效果。

二、参访活动

这次美国之行我们参访了 Taylor Guitar 和高通公司。Taylor Guitar 是一家制造和销售一体化的企业，于 1974 年由 Bob Taylor 创立，它的目标是"只做最好的吉他"。我们参观了 Taylor Guitar 的所有生产部门。作为全球享有盛誉的企业之一，Taylor Guitar 不断地在原有的制作方式上进行更好的加工和创造，不断突破技艺的极限。除了精巧的工艺外，另一个让我印象深刻的则是他们的企业氛围。不论是设计部门还是生产部门的工作人员，他们如果注意到你就会非常热情地跟你打招呼，这让我感受到了轻松愉悦的工作氛围。一天的参访让我受益匪浅，Taylor Guitar 是一家特别出色的企业，通过这次参访，我明白了只有优秀的技术、认真细致的态度以及良好的团队合作，才可以造就一家优秀的企业。

我们第二个参访的是高通公司，它是一家研发 3G、4G、5G 技术的领先企业，涉及世界上所有通信设备和电子产品的品牌，其总部就位于我们所处的圣地亚哥。2019 年 6 月，高通公司和中国在 5G 技术的研究上也开启了很多新的合作。在此之前，高通公司也与 OPPO、VIVO、小米等中国手机品牌公司已经有过深入的合作。

进入高通公司总部后，一名技术开发人员带我们走进了高通的展览馆，里面陈列了高通公司从创立到现在所有的产品样品。在提问环节中，大家踊跃发言，同学们的积极性都非常高，工作人员也对问题作出了详细解释。之后，我们来到了会议室进行更深层次的交流，结合我们的专业，交流的内容更多地偏向财务会计范畴。在沟通中，工作人员向我们解释了高通公司一年内的资金投资和技术研发的大概流程，以及研发 5G 技术等公司目标。通过查找的资料我了解到，高通公司的专利费并不像其他公司只收取制造芯片的费用，而是收取整部手机售价的 4%～5%。对于这一问题，工作人员解释道，高通公司采用这样的收费方式是因为一部手机并不能因为一个零部件而运作，芯片的作用渗透到手机的各个部分。基于这一点，高通公司才选择采用这种收费方式。任何企业的最大目的都是能够获得丰厚的利润回报，作为行业巨头和有技术质量保障的高通公司，这种收费方式也算是其特点之一。

尽管两次参访的企业类型不同，但是两者之间的共同之处就在于它们都拥有和谐良好的团队合作氛围。不难看出，在当前的大环境之下，一个人即使天赋异禀，个人的力量始终都是有限的，只有大家紧密团结在一起，互相合作，才能够发挥出更大的优势，创造出更有质量的产品。作为还未进入社会的大学生，我们应该利用大学生涯中的学习机会，积极寻求团队合作机会，提高自己的团队合作能力。无论是担任团队领袖还是团队成员，都可以极大地锻炼自己的综合能力。

三、日常生活

(一) 饮食

圣地亚哥距离墨西哥非常近，所以当地的饮食习惯也带着一点墨西哥风味。其中最著名的美食就是 Taco，一种墨西哥卷饼。它的主要做法是将面团擀成皮，上面放米饭、龙虾、生菜以及各种各样食物。学校餐厅里除了固定的菜单，多数是一些意大利面、汉堡、热狗等快餐食物，每隔一段时间，还会供应寿司等亚洲食物。

（二）出行

美国的公共交通十分昂贵，乘坐一次公共汽车就需要花费几美元。对此，学校非常贴心地为每位同学分发了当地可以无限刷的公共交通卡。在课余时间，我们可以一起规划行程，一起乘坐公共汽车，极大地锻炼了我们在国外生活的能力。

（三）图书馆

加州大学圣地亚哥分校的盖泽尔图书馆建造得非常独特，从远处看，图书馆形如一颗大树。图书馆内部分为休息区、阅览区、电脑打印区等不同功能的区域。较高的楼层中大多是外国书籍，都是来自不同国家和地区的原版书籍。在亚洲文化区里，我最惊讶的是其中的大量藏书是中国的古籍书目，如《四库全书》《论语》《道德经》等。圣地亚哥分校的图书馆有非常丰富的藏书量，可以满足学生多样化的学习需求。

（四）生活小贴士

作为一个要在国外进行短暂学习的外国人，融入当地的生活有助于调整好自己学习的心情和学习状态，以下是我的一些小贴士。第一，圣地亚哥在七八月的时候昼夜温差很大，基本和中国南方的秋天差不多，出行需要带好厚衣物。夏季室内的空调温度相对较低，需要随身带好外套以防着凉。第二，公交车到站之前需要拉下头上的线，屏幕上就会显示你需要在即将要到达的站点下车，司机才会为你停下，下车之后要大方地和司机道谢。第三，带好文件夹和卡包。从签证到最后参访学校，需要随身携带很多证件和纸质证明，要整理有序以防丢失。

四、中美差异

虽然这次美国之行只有短短 20 天，但我还是明显感受到了中美之间的一些文化差异。

（一）人性化因素

我认为在公共设施方面，美国和中国有较大差异，如公共交通，美国乘坐公共交通的人数相对较少,而对于残障人士,公交车可以降低高度并放下踏板以使得坐轮椅的乘客更加容易上车。但也正是由于美国对公共交通需求不多,相同线路的公交车,其发车时间间隔会相对较长。但在中国,尤其是在北上广深等大城市,人流量大,公共交通需求高是普遍特点。早晚高峰的时候,乘客们为了赶时间牺牲乘车舒适感。

(二) 不同的教育方式

在美国,老师通常采用鼓励式教育。美国人在日常生活中也非常喜欢赞赏别人,而当他们受到表扬的时候,他们会大方地以同样热情的方式回应。而中国人面对赞美之词时,多半会很谦虚地否定以示自谦和礼貌。在一定程度上,这也体现了中西方文化的差异。上课时因为一个特别简单的回答而被老师表扬,我通常会不知所措地低下头。在课后,我也对这一点文化差异进行了思考,认为鼓励式教育确实可以增强学生的自信心。

五、个人小结

此次海外课程研修项目的经历使我受益匪浅。从很小的时候,我就了解到美国是一个非常发达的国家,并且有许多非常知名的高级学府。这次能够深入了解 UCSD,对我的人生阅历以及将来的学习发展都有着非凡的意义。同时在相对自由的学习环境下,我了解了美国加州的一些风土人情,见识了不同的生活环境,这是一段让自己快速成长的经历。

首先,我了解到国内外的研究生在教学培养上的异同之处。美国教育体系将硕士生分为附属型、职业发展型、学徒型和社区中心型,每一种类别都有其不同的培养重点和目标。中国的硕士研究生则分为专业型硕士和学术型硕士,这两者之间的区别在近些年越来越显著。国内专业型硕士和学术型硕士的学制、考试科目以及毕业考核标准都是不一样的。前者更偏向于实践实操,后者更偏向于理论研究。由此可以看出,无论是哪个国家,对于研究生的培养都是有其不同的侧重点,所以在考虑学业规划的时候,选择哪种类型的研究生是一个非常慎重的选择。其次,美国研究生的上课时长比中国研究生上课时长更多,所以,美国研究生和教授有充分的时间来讨论教材和分享课外学习资源,教学效果会更加显著。中国研究生体制也在逐渐趋于完善,日益激烈的考研竞争也预示着中国研究生的水平会更加卓越和优秀。最后,此次海外课程研修项目促使我进一步规划了之后的学业发展,更加明确了目标:第一,我会选择留在国内准备研究生考试,同时努力学习英语,提高自己全方位的知识素养。第二,要增强自己的社交能力,积极与人沟通。我马上就是一名大二的学生了,距离踏入社会更近了一步。所以,面对机会,我应该尽力争取,勇敢走出舒适区。第三,要加强对个人独立意识的培养。对我来说,圣地亚哥是一个完全陌生的城市,这次访学主要是团队交流,所以在行程安排上主要是团体一起行动的。但是当自己一个人的时候,应该要学会独立面对,如应该对上课的路程、公交站的线路、超市的位置等做到心中有数,而不能一直依靠他人的帮忙。

总而言之,这次海外课程研修项目扩宽了我的视野,我也从中受到了很多启发。成长是多方面的,不仅体现在学习上,也体现在生活、人际交往等各方面。每一次经历,都会让人成长,不论这次的经历的感受如何。在美国访学期间,我和我的伙伴们每天都在克服语言、文化、生活习惯的差异,尽可能地参与各种各样的学校活动,和当地的学生老师进行交流。在克服一切不适应的过程中,我们体会到了一种前所未有的开心和快乐。当下,富足稳定的生活让我们越来越安于现状,畏惧离开自己的舒适圈。作为年轻人,我们其实有大把时间和精力去体验各种新鲜事物,接触各种各样的人,让自己不断跌倒再站起来。所以,趁着宝贵的年华,我们应该勇敢地去经历。这些经历都将会成为我们人生中意义深远的财富和宝藏。

作为书院第一届的学生,我也希望序伦书院能够多开展此类项目,让序伦学子拓宽自己的见解,将知识融于实践,真正地做到中西贯通,走得更远,看得更多,学得更好!

UCSD 暑期全英教学与实践体会

| 刘蓓凡

2019 年 7 月 28 日，我与书院师生一同前往美国圣地亚哥，在加州大学圣地亚哥分校开展了为期 3 周的暑期研修项目。UCSD 位于加州西南部，圣地亚哥市也是美国安全性较高的一座城市。学校为我们提供了学生公寓、学生证、交通卡等多种便利。短短 3 周，不仅让我对国外的生活有了不少了解，也给予我自我思考的机会。我主要从修读课程、课余生活、遇到的困难、中美差异以及自身体会来谈一谈参与海外课程研修项目的感悟。

一、全英教学体验

（一）修读课程

在这 3 周的时间里，我们所修读的课程有会计与金融、商务英语和创新创业。会计与金融的老师 Mike，是一个风趣幽默的人（见图 1）。第一节课开课，他得知我们是中国来的学生，立即向我们表达了对中国的喜爱，他认为中国是个风土人情十足的国家，对我们的到来感到十分欣喜。Mike 每节课都会很贴心地为我们准备一些会计用语的中英文对照表，并希望我们好好享受课堂。在他的课上，会计学原理变得生动有趣，他时不时讲一些他在会计方面的经验和一些他的人生阅历，我觉得收获颇丰。

下午一点半是商务英语课程的开课时间。课堂上，我被老师的热情折服，整堂课的氛围轻松欢快。例如，她不断强调发音要准确，并鼓励我们大胆尝试复述。临近下课，她笑着问我们下课后的课余活动和周末安排，还向我们推荐附近有趣的地方和值得观赏的景点。最能打动我的还是她的耐心，每次上课前她会放一首英文歌，还会把歌词发给我们，告诉我们里面的俚语和一些常用用法，在她的讲解之下，我不仅对歌词有了更深层的理解，也学习了一些当地俚语。

每周五是创新创业讲座的开课时间，讲课的老师是一名具有丰富投资和创

图 1　会计与金融课堂

业经历的成功者。第一节课，他告诉我们，最初他也和很多人一样为别人打工，后来他脑海中浮现一个念头，与其总是被别人安排，做一些自己不太喜欢的事，不如自己出来创业，从此，他就开始了自己创业的道路。虽然遇到过很多挫折，但他依旧对未来充满了希望。他还告诉我们，要永远相信自己，时刻对未来充满希望，要敢于尝试。这位老师的感染力很强，在他的身上，我感受到了真正属于成功者的魅力，他总是勇于冒险，拼搏奋斗。每一次听他的课就备受鼓舞，让我对学习、生活有了更多的信心，使我坚信只要相信自己，并不断努力和尝试，没有什么是办不到的。

（二）课余生活

刚刚来到圣地亚哥，我对周围的一切事物都充满了新鲜感。门前的参天大树、停留在屋檐上的海鸥、草地上飞过的乌鸦，甚至是被主人牵着散步的宠物狗，对我来说都是很新奇的事物。

学校食堂给我很深的印象。当我们顶着惺忪的睡眼去吃早餐时，门口的服务生总是很热情地和我们打招呼，祝我们有美好的一天，我们听到总是忍不住嘴角上扬，好心情也从这里开始了。学校的图书馆外形奇特（见图 2），在来之前我就被图书馆的外形所吸引。我一直都很喜欢图书馆的氛围。课余时间，我们相约一起去图书馆,即便当时心思浮躁,当你踏入图书馆大门的那一刻,你就会感受到它独特的氛围。人们都在专注于自己的事,看书、写作,一切都显得那样宁静。图书馆中的书籍来自世界各地,也有不少中国的书,如《黎里镇志》《四库全书》等。图书馆有很多楼层,每一层楼都有一定功能,从下往上级别慢慢提升,一楼可以供学生讨论,五楼则需要保持安静。这为学生们提供了良好的学习环境和学习氛围,我对此也感到钦佩与羡慕。

图 2　UCSD 校图书馆

周三,结束了上午的课程后,我们开始了 city tour。导游向我们介绍了学校周围的许多著名景点,如巴博亚公园、La Jolla 海滩、胜利之吻雕塑等。我们驱车沿着 La Jolla 海滩前的街道,海风吹来,让人感到十分惬意。周末,我们按计划坐公交车来到了海滩,在路上我们常常能感受到陌生人的关怀。当听说我们来自中国时,他们都表示中国是个很漂亮的地方,希望我们好好享受在这里的日子。La Jolla 海滩很大(见图 3),站在沙滩边冲海水格外凉爽,看到岸边的海鸥,也能让人忘却很多烦恼。

第二周,我们来到了 Taylor Guitar。Taylor Guitar 非常大,刚进门我们就看到了不少展示的吉他,不同的样式、不同的图案花纹,显得十分别致。我们跟随着解说人员去参观这家吉他工厂,了解成品的吉他是如何通过一道道工

图 3　La Jolla 海滩

序到达顾客手中的。在参观的过程中，我们发现大部分的制作工序都是机械化的，每个人都只负责其中的一小部分。看到架子上摆放着的整齐未完工的吉他模型，我感受到了工人们的艰辛。解说人员向我们讲述到，这里的吉他可以接受私人订制，顾客可以自己设计想要的图案，工厂可以帮忙制作，并送到顾客的手中。Taylor Guitar 非常有名，从工人们制作过程的精细、谨慎、高效，就可以得知它之所以知名的原因了。虽然每个工人负责一道程序，但并不像我所想的那样枯燥乏味、效率低下。大家在工作时都很专心，整个工作氛围很活跃生动，工厂里每个工人之间都配合默契，这才使得 Taylor Guitar 获得现在的成就。

最后一周，我们参观了高通公司。高通公司是全球知名企业。在参观之前，我们一同去了会议室，听工作人员讲述这家公司的核心工作及相关成就。高通公司的职工们非常欢迎我们的到来，并且详尽地讲述了这家公司的故事，还耐心地解答了我们的问题。随后，我们跟随工作人员参观了公司。大厅里展示了从第一代手机、第二代手机，一直到现在我们所使用的智能手机的全部模型，一共数十代，不禁让人感觉到时代的变化真的是巨大的。其中，也涉及了一些先进技术的开发与利用、国与国之间的合作等，高通公司一直在完善产品并开发新产品。总体来说，这次参访也让人受益匪浅，眼界得到了开拓。

除了学校组织的参访活动以外，我们还利用课余时间，对我们正在开展的“知行杯”社会实践校级项目做了进一步的调查(见图 4、图 5)。我们“知行杯”社会实践校级项目的主题是“针对当代大学生青春期追星综合症的观察与透视”。

我们提前设计了一些问题，计划在 UCSD 找数十位同学进行采访。UCSD 的同学对我们的问卷调研十分配合，还积极询问关于我们项目的一些其他问题。在这个过程中，我们不仅对项目成果有了更进一步的结论，还利用这次机会，鼓起勇气去和当地学生交谈。慢慢地，我发现即便是陌生人，也常常会向我们问好，我每天都受到很多异国陌生人的关怀，所有人都像是一家人，只要你遇到困难，大家都会向你伸出援手。

图 4 “知行杯”社会实践校级项目调查过程 1

图 5 “知行杯”社会实践校级项目调查过程 2

(三) 遇到的困难

回顾这 3 周的海外课程研修项目，我个人认为我们所遇到的困难主要包括语言问题、课程难度和文化差异。

1. 语言问题

这里有不少来自其他国家的人，如印度、墨西哥等。他们的口语和语速都是我们难以接受的。印度人语速很快，加上口音问题，在与他们对话时我会觉得比较困难，这让我更加明白英语的学习不只是书面的，我们要学会灵活地运用。

2. 课程难度

由于语言交流的障碍，我们对一门课程知识理解的难度又加大了。虽然我们学过会计学原理，但用英文讲述时，我发现这门课程还是有很多学得不够全面的地方，我对很多知识点的理解不够到位。例如，一些会计用语，在中文课程中是能够理解的，但在全英文的会计课上，需要我们不仅能够听得懂英语，还要快速理解和思考。而会计中计算部分也是十分重要的，如果对数字反应不够灵敏，在课上也会遇到很多问题。通过这些全英课程的修读，我发现了很多学习上的漏洞，这也给了我充分的机会去修正、领悟。

3. 文化差异

文化差异具体包括出行、饮食、交流方式等方面。客观来讲，由于地理位置、气候等因素，中美存在很多差异，要适应这里的生活需要一定的时间。就出行而言，在美国，我们乘坐公交车以及过马路的方式和国内的情况大相径庭。一上公交车，司机就会特别热情地和我们问好，拉一下身边的铃，司机就知道下一站有乘客要下车了。而让我意想不到的是，乘客在下车时会向司机说谢谢，司机也会礼貌地回应，如果先前缺乏足够了解，就会对这些行为感到困惑。此外，饮食习惯上的差异也会给我们造成困扰。例如，美国人喜欢喝冰水、冰可乐，而中国人偏爱热水，如果不能接受他们的饮食偏好，在生活方面会有很多不便。

(四) 其他中美差异

留学生不仅要学会克服语言、课程、饮食等困难，还要接受其他差异。美国人道德管理的工具，除了宗教，还有社会保障系统。这是一个记录一个人在经济行为中信用记录的系统，它记录了每个人所有经济行为的诚信问题。对于初次到美国留学的学生来说，如果不熟悉当地的法律规定，则很容易触犯一些法律法规。因此，我认为，在出国之前，要提前了解该国的法律，了解什么是能做的，什么是违反法律的,做一些事之前也要考虑有没有年龄限制,会带来什么样的后果,这些都是十分重要的。

除此之外,还有思想观念上的差异。在中国传统观念中,我们会比较重视他人感受,在意他人的看法。而在美国人的思维中,更多的是对个人主义的理解。他们崇尚独立,崇尚自由。与此相较,我们的传统思想相对稳重内敛,美国人则相对奔放外露,喜欢创新与冒险,而这些差异都可能为刚踏上美国国土的我们带来困扰。美国人是相当开放和直接的,尤其在涉及专业领域的讨论上,他们往往因持有不同意见而争论。相反地,我们往往不会直接冲突,而是婉转地解释或通过其他人来疏解。所以在出国前我们要更多地了解外国的文化和历史,以便在出国后更好地适应当地的文化。

对于留学生来说,踏上美国首先要去面对生活交际上的跨文化差异。其次是社会伦理等级与平等①。中国人历来注重尊卑有序,无论是在家庭生活还是课堂上,都体现出了鲜明的等级之分,而美国文化中没有鲜明的等级制度,注重人人平等。在交际习惯上,令我感触很深的一点是,师生之间及学生之间的交流是很开放的,更像是朋友与朋友之间的交流,不会有严格的等级和辈分差异。他们的交流更直接、坦诚。在这里,中国的谦虚内敛不是特别受欢迎和被接受,这也是中西方很大的一个文化差异。在国内,我们上课总是把守纪律、认真听讲当作必须遵守的事情,直接打断老师而提出自己的问题会被视为扰乱课堂纪律,所以很多时候就算有问题我们也会在课后或者在社交软件上联系老师,久而久之也成了习惯,而真正去当面请教老师的学生为数不多。在这次海外课程研修项目的美国课堂上,会计学老师 Mike 表示,上课听讲时有什么问题可以直接提出来。在创新创业讲座上,学生们和老师的互动也比较少,很多学生即便有好的想法,也会因为中国传统的社会伦理等级观念,而没有表达出来,所以创新能力也会相对低一点。

因此,要想适应异国生活,必须要有很好的心理承受能力和环境适应能力。要学会慢慢打开自己的交际圈,一旦遇到问题,主动找同学或亲友沟通。一个人的力量会显得微不足道,为了求学过程的顺利,就必须学会依靠周围环境和朋友,充分保障求学及生活安全。综上所述,在我看来,如果想要融入美国社会,需要的时间很长,加上文化上的差异做到这一点则更加困难。

---

① 马冬,樊淑玲.跨文化交际中的中美文化价值观研究[J].理论观察,2020(03):129-131.

二、实践体会

当今世界，不同语言和文化背景的人之间的联系越来越密切。人们之间的交往越频繁，就越需要充分了解交际对象国家的文化背景①。对于留学在外的中国学生来讲，我们不仅要学习语言，还要学习不同的文化价值观，这对于成功的跨文化交际非常重要。

作为序伦书院的学生，我一直认为书院注重更多的是学习，对于学生个性化全面发展的培养可能还略有欠缺，如体育锻炼、学生社交处事能力的提升等。但序伦书院的课程设置还是相对合理的，尤其是英语课的设置，比起应试性教育，序伦书院的英语课更加倾向于英语应用教育，这有利于以后有出国发展想法的同学，也帮助我们提升了整体英语水平，不再只是“哑巴英语”，例如，跨国文化课，课上老师具体讲述了各国之间的文化差异，对我们学生而言是很有收获的，尤其是将来要出国进修的学生。

我很感谢书院给我这样一个宝贵的机会，这次的海外课程研修项目带给我很大的惊喜。它让我重新审视了自己，意识到自己的不足，又带给我很多的信心与挑战。它让我畅想未来，也让我对未来进行了更加深刻的思考。在今后，我会更加努力学习英语和专业课课程，同时也做到各方面全面发展，突破自我，追求卓越。

---

① 李明明. 跨文化交际中的中美价值观比较[D].大连：东北财经大学，2007.

感受卓越　进取未来

| 万诚豪

我是上海立信会计金融学院序伦书院的学生万诚豪，我有幸在暑期参加了UCSD海外课程研修项目，收获颇丰。此次海外课程研修项目的设立目的在于让我们在国外课堂环境下体会到中美文化以及教学方式的差异，巩固大一所学的会计与金融基础知识，同时通过与美国教师、学生及教学管理人员的交流提升自身英语口语和听力能力。通过这次项目，我夯实了专业知识基础，还开阔了视野，结交了朋友。

一、课程感悟——不一样的课堂

在会计与金融课程中，我了解了美国与中国会计准则的不同。首先，中美会计法则的不同体现在会计要素上，即中美两国涉及权益的要素不同。中国有6个会计要素，包括资产、负债、所有者权益、收入、费用和利润。美国则有10个，除了有所有者权益外，还对所有者收入、所有者分配、综合收益等进行细化。这种不同，一方面体现了美国对于权益的重视，另一方面也体现了美国涉及权益方面的会计业务数量多且复杂。我国涉及股东权益的业务不多，权益只通过“现金流量表”和“利润表”中相关的项目反映，而没有进一步将其细化。此外，美国把利得和损失确认为单独的会计要素，我国则没有这两项要素。其次，中美会计法则的不同还体现在计量属性上，我国会计准则规定会计的计量属性包括历史成本、重置成本、可变现净值、现值、公允价值5种。企业在对会计要素进行计算时，一般采用历史成本，若采用重置成本、可变现净值、现值、公允价值计量，应保证所确定的会计要素金额能够取得并可靠计量。虽然美国在准则概念框架中并没有明确规定计量属性，但是有专门的公允价值准则。最后，会计披露的不同。美国在会计信息披露上强调真实反映以及充分披露，强调维护股东利益。美国会计准则对会计信息披露时间没有统一规定，而是根据不同的公司类型而定。年报的披露则以电子披露为主，由证券交易委员会统一设置电子申报系统。我国的企业所有制形式多样，证券市场不是很发达，政府是会计信息的主要需求者，会计信息披露以税收为导向，强调会计信息为宏观调控服务。通过此次的会计与金融课程，让我从更多的维度来理解会计准则，这对我以后学习中高级财务会计都大有裨益。

商务英语课程同样给我留下了深刻印象。商务英语课程不只是简单的英语课，Moira 老师在拓展我们英语词汇量的同时，还加入很多经济学中的表达方式。Moira 老师非常和蔼可亲，她用寓教于乐且多变的教学方式让课堂更加生动活泼，这样的教学方式与序伦书院英孚外教英语课的教学方式颇为相似。另外，美国的课程更加注重演讲的能力。中国的课堂上往往以老师授课为主，学生在课堂上表现得比较沉寂，而美国课堂鼓励学生发言讨论，学生则表现得较为活泼。这两种方式无优劣之分，沉静的思考与熟练的表达都十分重要，我们也应不断完善自己的教学方式，从西方教学中吸收可取之处。

另外，创新创业课程也让我受益匪浅，课程老师 Brad Shoen 时常鼓励我们要有一颗勇敢的心，不要惧怕失败。通过这次创新创业课程的学习，我们掌握了一定的创业知识和技能，对创业过程中遇到的各种困难和挫折有了初步的认识和预测。老师为我们分析了就业与创业的趋势和可发展性，让我们了解创业的好处和风险，教育我们要具备应对风险的能力。通过学习，我调整了人生目标和规划，也更明确了今后的努力方向。我认为，在生活中养成良好的习惯是至关重要的，在学习工作中要积极主动，做好职业规划，在生活中做一个勇敢、自信、有目标规划的人。

对于课程内容的学习，我更深层次地意识到什么是创业以及大学生创业所要考虑的问题，我总结为以下六点：

（1）确立好目标，必须在不耽误学习的情况下锻炼自己。与以前的学习环境相比，大学有很多锻炼自己的机会。作为大学生，我们有很多接触社会的机会。在大学里我们可以半工半读，家教、服务员、校园代理等各种兼职也都是我们大学生能胜任的简单工作，要抓住机会不断锻炼自己，积累经验。

（2）心态问题。我们应在良好的心态下创业，对创业风险要有清醒的认识，并具备应对风险的心理素质和能力，这些是创业成功的必要条件。大学生受年龄及阅历等方面的限制，未必对创业风险具有清醒的认识，缺乏应对在创业过程中遭遇风险的能力。若是缺乏良好的心态，创业前景也会受到不利影响。

（3）经验限制。刚步入社会，大学生很难拥有关于创业的经验，创业知识一般也限于“纸上谈兵”，在这种情况下创业，公司运营中必定会遇到各种不可预见的问题,以致创业困难或创业失败。

(4) 知识限制。创业需要企业注册、管理、市场营销与资金融通等多方面的知识,在缺乏相应知识储备的情况下,仓促创业不仅难以融到必需的资金,而且在残酷的市场竞争中也将处于劣势。

(5) 资金困境。由于大学生很难有足够的创业资金,从社会上融资或获取无息及贴息贷款是必然选择。通常来讲,大学生很难通过贷款审核,因为银行或金融机构普遍认为大学生创业风险较大。

(6) 技术限制。受学识的限制,拥有可创业技术的理工类大学生只可能是少数。而对于那些文科类大学生来讲,很难拥有可以创业的技术,技术水平直接限制了大学生创业。在激烈的市场竞争中大学生创业将遭遇较多的困难。

二、参访活动——泰勒吉他工厂与高通总部

除了学校课程的学习,海外课程研修项目期间,我们还参观了泰勒吉他工厂与高通公司总部。泰勒吉他工厂是美国最大的吉他制造商之一,拥有悠久的历史。通过参观吉他制造工厂,我们对吉他的制造流程有了初步了解。而对高通公司总部的参观更是令我获益良多。高通这家公司为国人所熟知,主要源于其手机芯片,每当高通推出新的手机芯片时,国内一众手机企业都会为争夺其首发权,抢得“头破血流”。通过销售芯片,高通公司每年从中国市场都能赚取丰厚的利润,但这并非高通公司全部的利润来源,高通公司还有另外一笔大收入,即高通税。所谓的“高通税”是指,不管手机厂商是否使用了高通芯片,只要你的手机依然需要连接 2G、3G 和 4G 网络,高通公司就有权利向你收取专利授权费,而且这笔费用是按照手机零售价的 4%左右进行收取的,以至于有手机厂家吐槽到,即使在手机壳上多花点工艺和成本,都等同于要多交专利费给高通。一部 5 000 元的手机,如果按照 4%计算,高通授权的专利费用就高达 200 元,与之相对应的是,中国大多数手机企业的净利润率都在 3%以下。我不由得产生疑问,高通如何做到这么强势?手机厂商之所以甘于忍受高通的“压榨”,说到底,都是因为高通公司的技术和专利。高通的专利和技术都绕不开一个人,即高通公司的创始人,《通信工程基础》的合著作者,前麻省理工学院的教授欧文·雅各布斯博士。1985 年,52 岁的雅各布斯从自己创立的 Linkabit Corp 公司退休后,和 6 位老同事,决定继续创业。创业之初,他们没有商业计划,没有钱,脑子里也没成型的产品,但他们都懂无线技术,所以最终把创业方向定在了数字和无线通信

领域。高通公司就是这样的背景下成立的，“高通”二字意为高质量的通信，代表着雅各布斯和同事创业之初的梦想和期望。事实证明，选择有时候真的很重要，高通一出场，就选择了一条奠定了其后来在通信领域霸主地位的赛道——CDMA（码分多址）技术。CDMA 技术能够提供更好的通话质量，大大降低运营成本，电信运营商一下被这个技术打动了。经过高通公司的努力，1993 年，CDMA 技术被美国电信工业协会采纳，成为行业标准，1995 年，CDMA 技术在中国香港实现商用，1996 年登陆韩国，到了 1999 年，国际电信联盟把 CDMA 技术选作是 3G（第三代无线网络）背后的技术。高通公司终于迎来了属于自己的黄金时代，以上事实也证明了，机遇和选择共同造就了高通公司的成功。在了解了高通公司的发展史后，我更加明白了把握机遇的重要性。我们不应一味地埋头苦干，而应将自身的发展与时代的特点相结合，这样才能够让未来的方向更加明朗开阔。

三、课余活动——阳光与沙滩

在闲暇时间，我与同学、老师一同来到了圣地亚哥的海滩，与海狮近距离接触。圣地亚哥冬季温暖，夏季凉爽，常年阳光充足，降雨较少，气候十分宜人。尽管我去过很多地方的海，看过许多地方的云，走过多数的沙滩，但圣地亚哥的海滩却令我感到无限的安宁。落霞与孤鹜齐飞，秋水共长天一色，夕阳西下，人与自然仿佛融为一体。

四、感悟与反思

这次海外课程研修项目主要在加州大学圣地亚哥分校开展。成立于 1959 年的加州大学圣地亚哥分校占地 500 多公亩，虽然建校只有短短的 50 年，但是已经成为以研究科学为主的美国顶尖大学之一。根据美国国家教育调查委员会的调查，加州大学圣地亚哥分校是全美排名第 10 位的高等教育学府，与哈佛大学、耶鲁大学及普林斯顿大学齐名，是全球最重要的学术机构之一。UCSD 坐拥一个八层的图书馆，外形酷似世博会的中国馆。令我印象深刻的是这里的学术氛围，学生们的学习地点不局限于图书馆，在校园的每个角落都能见到学生们交流讨论学习的场景，这样的钻研精神正是我们需要培养和提升的。另外，在一些广场上也时常能看到热情洋溢的同学们开展的课外活动。在美国的大学文化中，校园活动是他们不可或缺的一部分，每天夜晚，我和同学们都在篮球场上挥洒自己的汗水，而美国的同学们也非常友善，我也因此结交了很多朋友。篮球场上，一位老爷爷令我们印象深刻，由于我们并非学校的正式注册学生，学校体育馆拒绝租借篮球给我们，这位老爷爷便将自己的篮球送给了我们。

此次令我印象深刻的还有中美大学关于人才培养的差异。中国一流大学普遍将学习视为学生的第一要务，而大学校园则是为潜心学习者提供的最佳场所。与之相比，美国一流大学则更强调学生与学校间共享共创的双赢关系，鼓励学生积极融入校园和社会，并充分调动学生在社群建设中的主观能动性。关于创新，中美大学的理解也有所不同。“创新”是中国一流大学校长在开学典礼致辞上普遍提及的人才培养目标，结合当前国家正大力倡导的“大众创业，万众创新”热潮，高校重视对创新人才的培养。但若仔细研究致辞中对“创新”的陈述，会发现它更多表现为学校对人才培养的一种期待式宣言。相较于此，美国一流大学则较少直接使用“创新”一词，但在致辞中有三个与之相关的高频词值得关注，分别是“多元”(diversity)、“不同”(difference)与“异见”(disagreement)。美国一流大学精心营造校园的多元氛围，推动学生与各类人群接触，不断反思与超越自我，避免学生成为随波逐流的社会“弄潮儿”，当所持观点并非主流时，学生被鼓励去勇于坚持和表达自己的异见。

对我而言，这次访学意义非凡，相关课程与活动的感悟我已在前文阐述，接下来我将谈述这次访学对于我职业规划的意义。我之前已经有出国读研的想法，而这次参加海外课程研修项目的经历也让我对国外的生活有了一定了解。序伦书院是以培养研究性人才为主的学院，我们不应辜负序伦书院对我们的期望。尽管我目前处于大学二年级阶段，但一切的准备都不算早。在接下来的大学生涯中，我主要有以下几件事需要准备：第一，我应努力提升自己的绩点，因为绩点是国外高校招生很重要的参考标准；第二，我预计考两次托福，第一次是在大二寒假，第二次在大三上学期，考取托福成绩后就全力备考 GRE，为此我将先认真完成学校内英语课程的学业，自己再勤加练习；第三，我将提高自身的软实力，这也是国外高校十分看重的。我将积极参与学校的各项活动，提高自己的表达与组织能力。

我在此也想基于本次海外课程研修项目提出自己的一些想法与建议，希望对将来海外课程研修项目与序伦书院的发展能够有所帮助。对于本次项目，我认为可以安排与美国当地学生在同一课堂上课，这样可以让我们更加深入地了解美国的教学模式与课堂文化。另外，在与美国一流大学的对比中我们可以看到，创新人才培养不是停留在主题先行的口号上，它需要大学整体氛围的影响。序伦书院作为上海立信会计金融学院本科教育改革的“试验田”，大部分学生以出国与考研为目标，所以我认为国际视野与创新意识应为书院人才培养的主要方向。书院可以有意识地在教学环节中提升学生国际化视野与多样性，训练学生的独立思考与批判意识。在学生活动与园区活动的组织环节中增进不同背景学生的互动交流。若将这些工作落到实处，深耕细作，序伦书院必将成为孕育创新人才的沃土，收获润物细无声的教育果实。3 周的海外项目时间是短暂的，轻轻地我走了，正如我轻轻地来，但这份记忆我将永藏于心。

阳光下的 UCSD
——加州大学圣地亚哥分校之访学报告

| 徐丽莉

2019 年 7 月 28 号，我跟随序伦书院的海外课程研修项目小组前往美国加州大学圣地亚哥分校开启为期 20 天的暑期海外项目。非常感谢序伦书院为学生创造了一个良好的学习平台，也正因为书院老师与领导对学生国际化能力培养的重视，序伦书院策划了这一次非常难得且有意义的海外项目。在此次海外课程研修项目中，我的收获是多方位、多层次的，我的英语口语水平及写作能力有所提高，同时，我也增长了见识，拓展了视野。此外，通过与老师的交流与学习，我了解了一些大学本科专业领域的新知识、新技术、新动态和新进展，也了解到中美会计准则的差异。通过与加州大学圣地亚哥分校的留学生之间的交流，我了解了美国大学的学习氛围以及美国学生对自己的学业规划和时间安排。

一、项目开始前

UCSD 是一所位于美国加州的顶尖公立大学，属于加州大学系统，位于南加州圣地亚哥市。其环境优美，气候宜人，且坐拥全美顶级海滩之一，被《新闻周刊》评为全美“最性感”的理科学习场所。圣地亚哥是美国的第六大城市，因舒适的气候、别样的娱乐公园和著名的文化历史建筑，被评为美国最棒的 10 个城市之一，同时也是美国最安全的城市之一。圣地亚哥的美丽风光及其友好的市民吸引了世界各地的观光客，无论是充满殖民风味的西班牙式建筑，还是帆船游艇林立的La Jolla海滩，或是美国青少年最爱的圣地亚哥海洋世界及圣地亚哥动物园等，都让观光客流连忘返。除了海湾崎岖、风景优美，真正让圣地亚哥出名的还是它的近代科技——无线通信和生物科技，圣地亚哥聚集了许多著名的无线通信公司。除高通公司外，德州仪器、三星、松下等全球主流的高科技企业均在此地设有专门的无线通信研发机构。圣地亚哥已成为加州第二个以高科技产能为主轴的城市，直逼旧金山湾区的硅谷。现今，圣地亚哥不仅是一个观光的胜地，未来 10 年还可能是美国西海岸经济及教育发展最快速的城市之一。

美国时间 7 月 28 号晚上 7 点左右，我们到达圣地亚哥国际机场，半个小时左右的车程后，我们到达学校宿舍，地接老师为我们分完宿舍钥匙后，我们各自回宿舍休息。

第二天，当地学生带我们游览了校园，并大致介绍了 UCSD 校园内部的一些职能分布。不同于其他美国本科教育体制下的大学，UCSD 效仿了牛津大学和剑桥大学的英国学院体制，分为 Revelle、John Muir、Thurgood Marshall、Earl Warren、Eleanor Roosevelt 和 Sixth 6 个学院，我们项目小组主要在 John Muir 和 Marshall 学习。此外，校园周边的公交十分便利，有 4 条公交线路，其中 3 条分别通往市中心、老城、海滩，还有一条城市环线。游览完校园后，我们集体进行了入学注册。

本次海外课程研修项目的课程安排相对比较紧凑，每天早上和下午都有课程安排，我们的课程主要是会计与金融课程、创新创业课程以及商务英语课程。会计与金融课程内容主要是中级财务会计中的成本会计，老师 Mike 曾在中国留学过，第一节课上他用中文向我们每一个人问好，同时贴心地为我们准备了一张会计学术名词的中英文对照表。在前两节课的学习中，由于对英文会计名词及全英文的讲课模式的不适应，老师讲课时，我无法快速地作出反应，但通过课后对课上所学知识进行复习后，我逐渐掌握了这些专有名词，学习的过程也变得越来越轻松。在课后，我去研读了老师推荐的 *Financial & Managerial Accounting* 这本书，意识到中美两国会计制度上的差异，主要体现在中美会计管理制度、中美会计准则和中美会计要素上。

二、中美会计制度差异

（一）中美会计管理制度不同

在会计目标设置上，美国企业会计人员有自己工作的目标，其中既包括对外的财务会计目标，还包括供内部决策使用的管理会计目标。而在我国，企业的会计目标则较少采用精确的定量设置，只采用定性方式来表达，即使在会计准则中也未明确区分财务会计与管理会计的目标。

在会计核算上，美国许多著名的会计学家及企业家都强调收益是会计核算的中心，把收益作为表现企业管理人员的工作成果和衡量企业管理人员有效利用投放资本的一个重要指标；在我国，会计核算的侧重点是成本，成本在整个会计体系中处于主导地位，在考核评价企业管理人员时，不仅注重他们创造了多少效益，还要考察他们的成本开支是否符合规定。

在会计核算的灵活性上，中美两国也有着很大的不同。在美国，立法机构国会对会计问题极少关注，因而会计核算强调灵活处理，允许会计人员依据个别情况，运用个人专业判断选择最适合的会计方法；在我国，会计规范体系方面，会计法、财务会计报告条例、会计制度和会计准则等都对会计人员的行为进行规范，进行强制性管制。

在政府对会计的干预程度上，美国的会计专业团体规模很大，会计人员对会计实务的处理享有较大的自由权，会计规范与国家的法律关系较为松散，这在财务会计与税务会计方面表现较为显著。相反，我国会计实务具有高度的统一性和严肃性，会计实务是根据国家立法进行的，会计人员所应用的会计原则一般都体现于政府的法规之中。

在企业预算的编制上，中美文化环境对时间的取向上有很大不同。这反映在企业预算编制上，美国公司将预算看成是真实而有必要的，在制定预算中考察了诸多将来可能出现的新情况，并十分强调长期投资决策和全面预算，对预算制度制定了大量程序、规章、进度和期限等指标，即使是其世界各地的子公司也必须要求统一执行。对于中国的会计人员来说，只有真正的会计业务发生后的结果才是真实的，因此，中国会计人员对预算的重视不够，对编制预算也还没有严格的规定，甚至一些企业把预算制度作为可以敷衍的一项工作。

在审计监控方面，美国的审计业较发达，企业中都有健全的内部审计制度，他们把职员的遵规守矩归功于这种监控制度的存在；而我国内部审计起步较晚，其审计的范围只局限于财务会计方面，还没有形成完整的效益审计和业务审计。

(二) 中美会计准则不同

从会计准则理论框架方面进行比较，中美两国都从会计目标出发来构建会计准则的理论框架。通过对会计目标的研究，明确会计信息的使用者及其用途，为会计准则的建立指明方向，为会计要素的构建、财务报告的设计找到依据。但同美国会计理论结构相比，我国会计准则理论框架主要有三点不同。

(1) 我国把会计质量特征分成两个层次，即信息的质量层次和管理决策的质量层次，决策的质量取决于信息的质量；而美国会计理论结构认为可靠性和相关性相互作用、相互影响。

（2）我国的会计理论结构把会计法规、会计制度作为其重要组成部分和会计理论与实践的重要链接部分；而美国则未将其纳入框架结构。

（3）从会计准则模式比较，中美两国所处的社会环境不同，所实施的经济政策有别，因而其制定会计准则的基础出发点和会计模式也就不同。

（三）中美会计要素不同

会计要素是会计对象要素的简称。在会计要素方面，美国与我国既有相同点，又有不同点。

第一，涉及权益的要素不同。我国仅有权益1个要素，而美国仅涉及权益的要素就有权益、业主投资、业主利得3个。其原因是美国是资本主义经济发达国家，以私有制为经济基础，权益业务和事项不仅数量多，而且十分复杂，增设业主投资和业主利得两个要素将会提供更为详细的权益信息；但我国涉及业主投资和业主利得的经济业务不多，也不复杂，且业主利得可以通过现金流量表和利润表反映出来，故没有将其纳入会计要素。

第二，美国把利得和损失确认为会计要素，我国则没有这两个会计要素。美国主要强调营业收入、费用与利得，由于损失发生的原因不同，因此尽可能地列出综合收益的来源，以便公正地对企业经营者作出评价。我国会计界认为，利得和损失都因非正常的偶然原因发生，它们与收入和费用的实质是一致的，利得和收入都会导致利润的增加，损失和费用都会导致利润的减少，因此，我国会计界认为两者完全可以分别包括在收入和费用中。

第三，会计报表比较。我国会计准则和美国FASB都要求企业编制资产负债表、利润表和现金流量表及财务情况说明书，但在内容上仍有差异。

三、跨文化交际中的中美差异

在课余时间，我通常会去UCSD的盖泽尔图书馆（见图1），它是UCSD的著名景点，被称为世界上十大最奇特建筑之一。当我走近后不禁惊叹，想不通下面那几根柱子何以能支撑上面如此厚重而复杂的楼房！盖泽尔图书馆内部有一层专门放着与中国历史有关的书籍（见图2）。

图 1　盖泽尔图书馆(Geisel Library)

图 2　中国历史有关书籍

在图书馆里我认识了一个来自比利时的留学生,她帮助我查阅文献以及借阅书籍。在和她的交谈中,我了解到她平时的学习及业余生活,她现在正在与小组成员进行一个金融和大数据结合的项目,所以她的作业都是用 Matlab(商业数学软件)来完成的。每周她们都有小组会议讨论作业问题,每次小组讨论都是一个互相学习和互补互助的过程。她们每周有 4 门课,每次课 3 个小时,每门课每周都要布置作业,作业的难度都比较大,所以,每周的时间基本都用来做作业和课后复习。此外,她们周末的课余活动也是很丰富多彩的,除了文体活动和社会实践活动,有的同学会利用周末时间来考取各类资格证书,或者勤工助学。她还告诉我,如果想在美国找工作,就必须全面提升自身的综合素质。平时,学校会开很多的研习会,同学们会有选择地参加。此外,还可以参加学校开设的一些文体课程,如空中瑜伽和击剑等。

四、UCSD 周边的自然风光

周末,我和同学、老师一起去了圣地亚哥附近的 La Jolla 海滩,它被誉为加州海岸线上的瑰宝。这里的水质非常清透,能见度有时可超过 30 英尺(1 英尺=0.30 米)。小岛和奇形怪状的礁石随处都是,各种鸟类齐聚一堂,是休闲散步、看日落的不二之选。La Jolla 海滩也是海狮的栖息地(见图 3),属于圣地亚哥水下公园生态保护区的一部分。La Jolla 海滩附近的海狮,体型相对巨大,身上没有斑点,晒干后是棕黄色的毛,它们会发出扰人的叫声,还会有些臭臭的味道。每当潮位高的时候,海狮便会去海里捕食,或者在海里戏水冲浪;当潮位低的时候,为了保持体温恒定,海狮们会爬上岩石晒太阳,能起到杀菌的作用。如

图 3　La Jolla 海滩上的海狮

果你有足够的胆量，也可以近距离观赏，但是需要适可而止，应与海洋生物保持合适的距离。在不打扰它们午后阳光浴的同时，也让自己有更多的机会，可以静静地享受这份安宁。

五、项目感悟

经过此次海外课程研修项目，我意识到自己英语水平的不足。在此次海外课程研修项目中，我经常因为对英语专有名词的陌生跟不上老师讲课的节奏，虽然可以在课后通过复习解决掉这个问题，但如果能在一开始就避免掉这个问题将会是事半功倍的，因此，在今后我会加强英语学习并锻炼口语，着力提升我的英语应用能力。

在 UCSD 学习期间，我完全适应当地的教育体制以及生活环境，没有产生任何负面情绪，学习内容以及学习节奏也在我的接受范围之内。在学习的过程中，学校安排了恰到好处的课外活动，让我们接触到了新鲜的事物，开阔了视野，体会到了中西文化的不同。我未来的学业规划是去英国留学，所以这一次的海外课程研修项目可以说是一次成功的体验。

加州之行国外访学初体验

——浅谈对短期海外课程研修项目的认识和建议

| 陆瑞轩

2019 年的暑假，我很荣幸能参加加州大学圣地亚哥分校海外课程研修项目。加州大学圣地亚哥分校是世界顶尖的研究型大学，位于美国圣地亚哥北郊社区拉霍亚，它隶属于著名的加州大学系统，在多家主流大学排名中长年稳居世界前 20 名，被誉为公立常春藤名校。为期 3 周的海外项目经历，让我感触颇深，以下是我的个人心得体会。

一、此行最重要的目的地——UCSD

我对美国加州的感受可以概括为两点：大海和温度。一下飞机，一股凉意就扑面而来，不得不让我披上了外套，再回想起上海闷热潮湿的酷暑，内心已经得到了极大的满足。小时候总是在电影里看到沿着海岸的公路，夕阳落日的余晖映在车窗。终于，我来到加州，见到了真正的大海，在La Jolla 海滩看完落日的最后一道余晖，伴随着加州的海风，我知道已经不虚此行了。

（一）对 UCSD 的第一印象——大到绝望

在海外课程研修项目前，我在谷歌地图上搜索加州大学圣地亚哥分校，发现其在西部地区占据了“半壁江山”。果不其然，第一天工作人员带领我们参观大学内部的时候，整整一个上午的时间仅参观了留学生区域和公共生活区两个地方，其余的地方并没有涉及。工作人员带我们穿过茂密的白桦树林，参观了保健室、图书馆、学生公寓、教学楼、餐厅和校内的公交车站，学校内部环境让我感受到了其包容与大气。

（二）项目体验

1. 球场体验篇

美国大学同样注重培养学生的体魄，学校配备了齐全的运动场所和运动设施,在学生公寓的楼下就有网球场、足球场、室内游泳馆以及篮球场,球场向西50米左右是器材完备的健身房及室内项目,学校为学生营造了一个良好的体育氛围。为了体验运动场地,我和几个想打球的同学来到体育馆,向工作人员出示了学生证,借到了篮球。第一天的球场体验,我第一次体会到了和不同肤色的人在同一个球场上挥洒汗水的感受,通过和外国学生一起打篮球,我学会了一些篮球技术动作的英文表述,我们时常还会聊到喜欢的NBA球队和球星。除此之外,我们一行人还试着打起了沙滩排球,这是国内大学极少会有的运动项目,但在圣地亚哥这样的海边城市,沙滩排球是最热门的运动之一。如此种类繁多的运动方式极大地丰富了学生的课余生活。

2. 豪华的宿舍环境

宿舍条件应该是一个学生对大学最直观的感受,而我对于UCSD学生宿舍的感受就好像是拿着一张3周期限的VIP套房的房卡。这里不仅有干净整洁的独立卫浴和舒适的卧室,还有偌大的厨房,内附有烤箱和冰箱。宿舍客厅配备落地窗,能直接欣赏校园的美景,唯一让我们不太适应的,可能就是不供应热水。

3. 课下交友篇

在美国,最流行的运动非篮球莫属。每天晚上的篮球场,都会有人打球到篮球场熄灯。为了丰富课余生活,我和几个同学也加入到了他们的队伍中。但在第五天的晚上,我们借篮球时发生了一些小插曲。体育馆的工作人员要我们对着机器刷学生证时,由于我们只是UCSD的暑期海外课程研修项目的学生,因此学生证没有识别成功,导致我们无法办理借球。尽管我很尽力地用英语和他说明前几天正常租借的情况,但是仍旧无法让他破例。正当绝望之际,我们幸运地遇到了一个一直在球场里打球的老爷爷Bob,他是这个大学的教授。我向他诉说了我们的情况并寻求他的帮助,听完我们的情况,他直接带我们回到了体育馆和工作人员交涉,焦急的等待后,我们还是无法租借成功。最后,老教授从汽车里拿出了他的备用球,他把球送给了我,还让我在球上签上了自己的名字,我们立刻表达了感谢。这件事令我感触颇深,也感慨美国人对待体育的态度,他们尊敬每一个热爱体育的人,场下如此,场上更是如此。来之前我还和我的同学开玩笑说,不要和美国学生打球,他们四肢发达,身体对抗很强。但事实证明,我们在球场上融合得很好,我还结交了两位美国朋友,我们互相交换了联系方式,他们教我如何更好地运球以及投篮上的一些技术,令我收获颇丰。

4. 课程篇

此次海外课程研修项目精心安排了和我们自身专业相关的课程内容，分别是会计与金融课程以及商务英语课程。此番出行我对自己的要求就是感受和思考中美教育模式的差异性，从而对今后出国读研进行规划。诚然，美国大学的教育方式注重小班化集中辅导，尤其注重小组团队的讨论以及对课上问题的探讨。课堂上，美国教授会要求我们主动提问并参与话题探讨，而在这一点上，我觉得我们在课堂上的表现是不合格的。我们缺少独立思考能力以及自我分析能力，我认为这是今后要加强锻炼的方面。

对于课程内容，我也有一定的感悟。首先，熟记会计与金融课程的专业会计名词对我们来说是一种挑战。第一天上课时，我准备了一个英文字典，笔记本的第一页记录的都是专业名词翻译。其次，虽说会计学原理大致相同，但中美国情不同，美国对会计科目的划分更为细致，这无疑又增加了这门课程的难度。最后，我们还需接触一些没有学过的管理会计以及会计分析等一系列的内容。但 Mike 老师有在中国工作的经历，他能非常清晰地讲述中美会计的差异，上课前还会主动给我们分享他以前工作的经历和在中国生活的趣事，使我们能更好地融入课程。他上课认真负责，课上我们将核算出的习题答案一个个地汇报，他耐心地一一记录。

商务英语课程同样给我留下深刻的印象。Moira 老师注重培养我们学习英语的习惯，鼓励我们课前预习单词，课上小组讨论交流，并对英文发音进行教学。在国内我们似乎总会轻视英语口语的训练，只会应付考试，缺乏交流能力，这是我们今后需要改进的。

在项目的最后一天，我们集体送给老师们礼物和贺卡，老师们流下了感动的泪水。

（三）社会实践活动总结

3 周的学习生活过得很快，我爱上了圣地亚哥这座城市，相信如果有缘，今后一定能与这座城市再次邂逅，我很期待与这座海边城市的下一次见面。以下是对海外项目中几次参访活动的体会。

1. Taylor Guitar——满怀期待却略有遗憾

在所有安排的实践活动中，我最期待参观泰勒吉他工厂。在国内，我就对这款知名吉他有所耳闻，并且弹吉他是我的爱好，因此在参观之前我也适当做了一些功课，期望能有机会去试弹生产出的吉他。然而在实际走访参观时，活动内容只安排了参观生产吉他的工厂，虽然细致的讲解让我很好地了解到一把吉他的选材、打磨、喷漆等固定的一系列流程，但自由活动的时间较少，我也没有足够的时间去挑选一把吉他，只是稍做体验，令我有些许遗憾。对此，我也希望学校在安排每一项课外活动时，能适当增加一些学生的自由活动时间，并告知学生这一安排，从而能让学生提前做好准备，也能鼓励学生与工作人员有更直接的交流，以达到增强学习的目的。总的来说，活动的内容具有吸引力，讲解也很专业，但缺乏了活动安排的一些合理性。

2. 高通公司——意义深刻的一次讲座

虽然我们这批访学学生学的并不是电子信息科技专业，但大数据技术的应用与我们的生活息息相关，我们对此也颇感兴趣，在参访高通公司之前也做了功课。参访当天，高通公司一位工作 20 余年的工作人员带我们了解通信技术的发展历史，以及美国和中国诸多合作的技术。而令我印象最深刻的则是在会议室内，高通公司特地邀请到了华东师范大学毕业的一位学姐为我们讲解，她同样也是高通公司的员工。她主要和我们分享了她的工作内容并详细介绍了公司的业绩以及发展历史。此外，她还着重分享了自己出国读研的经历，这也是我觉得最实用的一部分内容。她也提到了美国一些公司的就业前景，对于专业的选择提出了自己的想法和建议，让我们了解了一个“前辈”真实的心路历程。我个人十分肯定这一次的参访活动，尤其是高通公司请来的中国员工，为我们的沟通减少了障碍，并且各项活动时间上的安排也较为合理。

3. 城市观光

第三项活动是参观圣地亚哥市，我们采用的是大巴观光的形式，由导游介绍观光景点，以及其历史文化背景。然而个人感觉在每个景点停留的时间过少，在参观海军博物馆时甚至没有时间下车自由活动，只能远观大概的轮廓，进行简短的拍照留影。参访时间安排的过于简短，没有让学生切身体会活动的乐趣，尽管学生在周末有充足的时间安排自由活动，但单纯评价这一系列的项目安排，仍觉得有些许不合理之处。参观是走马观花式的，学生没有真正体验到乐趣。对此我认为可以适当减少类似打卡式的参观活动，甚至可以取消这一安排。我建议参访活动可以由学校提供一些选择方案，让学生能够根据方案自己安排和规划，从而能使得每一位学生都能根据自己个性化的选择制定一系列的参观计划。

4. 可增加项目的实施建议

基于对序伦书院学生所学专业和未来考研发展的需求，书院可以有规划地增加一些有针对性的项目。例如，组织参加一些国外专家关于经管类方面的讲座，加强学生的专业知识，拓宽专业视野；邀请当地负责留学生的老师来为学生做关于留学选择的讲座，老师可对各个大学的特色专业进行介绍，让学生有一个留学的初步概念和规划。最后，希望能适当增加学生自由活动的时间。

以上几点便是对于实践活动部分的一些体会和建议。

二、对书院海外项目的建议

(一) 教学设置建议

首先，十分值得肯定的是，序伦书院为学生提供了一个海外交流的平台，很感谢书院对于此次项目的大力支持。其次，我也想提出对于此次海外项目的一些个人建议，其中一点是教学环境。虽然我们访学期间居住的公寓是学校内部的学生公寓，也是留学生公寓，里面同样居住了很多中国人，我新结交的朋友中大部分还是中国人，而我们希望能有一个充分锻炼自身能力的全英文的环境，不单单只是在授课过程中使用英语，希望能有更多全英语的生活环境。最后，书院可以适当发放一些有关课程的预习资料，告知学生大概要学习哪些专业课程内容。我们在实际上课时由于对所学习的专业课程没有很好的了解和预习，导致了在会计与金融课程上，我们需要耗费一些课堂时间去学习专有名词，从而耽误了一些课程进度。而关于授课的内容的建议，可以总结为以下几点：

(1) 分组教学。对20名同学进行细化合理的分组以适应外国的小班教学。

(2) 教学环境的多元化。在陌生的地方，学生更偏向于寻求不同的体验，因此教学环境可以更多元化，将当地学生和访学学生进行混合分班，让学生之间有更多的交流。

(3) 考试和作业。海外访学的目的之一是让学生培养独立思考能力和团队合作能力。在作业方面，应尽量选择小组作业或项目的方式，分组成员可包含不同地域的学生，最大限度地锻炼学生的协作能力。对于此次访学，我们大多只是以体验的形式，感受中美教育、文化等差异，但没有对学生的学习效果进行评估。因此我建议可以适当增加一些考核，从而检验我们的学习效果。

(二) 学生服务工作建议

在定制短期海外课程研修项目时,除了基本的课程、参访活动等方面的设置,还应有如下几个附加服务。

(1) 出国咨询服务。这方面包含签证、保险等。此服务可为学生提供真实有效且清晰的引导,减少学生在前期准备时会遇到的问题和困难。在这一点上书院和USIEA(全美国际教育协会)的合作很成功,USIEA的工作人员也很专业,对我们面签时将会遇到的提问提前进行模拟指导,所以希望书院能保留这一部分的内容。

(2) 开班和结业活动。参与短期访学的学生都来自不同的地区,他们一起去到一个陌生的国度,很容易产生焦虑和文化冲突。在开课前举办一场开班活动,引导学生互相认识和熟悉,有助于后续的访学项目的开展。同时结业活动也是必需的,结业活动能够让学生加深印象,也给学生们一个很好的道别场合,希望结业活动上的每个学生都有上台总结的机会。

(3) 专业的考核和结业证书。专业考核不仅可以检验学生的学习成果,成绩单也可以作为国内学分转换的证明。此外,我建议评选出在活动中表现优异的学生,以增强学生荣誉感。

(三) 总结

培养具有跨文化交流视野和能力的学生不仅是国家以及高校发展的需求,也是书院在当前国际化背景下应担负起的教育责任。首先,中国高校目前短期境外学习活动主要依靠国外机构的组织与支持,这不利于落实高校办学自主权,不利于高校掌握学生培养方向的主动权。高校应该主动参与或组织短期境外学习活动,并在资金、师资、课程等方面给予配套支持。其次,高校应不断丰富短期境外学习活动的形式和内容。学习仍然是此类活动的主要内容,但学习形式可以多种多样。中国目前短期境外学习活动中类似于传统课堂学习的形式仍占较大比重,这不利于发挥“访学”的优势,不利于充分利用当地文化和社会资源。策划者应该在短期境外学习活动中增加更多与当地的学校、企业面对面交流的机会,同时设置一些学生自主安排行程的自由活动时间,满足学生个性化的学习需求。再次,高校应重视行前准备和事后总结与反思。短期境外学习活动发展至今,已经形成较为成熟的体系,行前准备和事后总结直接关系到活动的质量。个人认为高校目前短期境外学习活动的行前准备一般包括申请、宣传和材料审核，很少为学生提供必要的语言、专业知识、人际交往等方面的课程准备，出行之后也没有系统地对学习项目进行总结和反思，这容易让学生只关注竞争出行机会，导致境外学习的盲目性，让境外学习流于形式。最后，衷心希望序伦书院能坚持开办海外课程研修项目，在不断的经验积累和总结中越办越好，为更多的同学提供一个发展的平台。

课程内容与实践相结合的一次出国体验
——美国加州大学圣地亚哥分校访学体验

| 王雨歆

在2019年暑假期间，我参加了序伦书院组织的加州大学圣地亚哥分校海外课程研修项目，我非常荣幸能拥有这个机会与美国学生、老师进行交流学习。在这短短20天的项目活动中，我开阔了视野，增长了见识，体会到了很多在国内感受不到的东西。我非常感谢书院和学校能给我这次宝贵的机会锻炼自己；非常感谢USIEA的老师提供的清晰明确的指导，让我们在与面签官的交谈中一直保持清晰的思路，并在与UCSD校方的商议中，为我们争取了许多福利；也很感谢我们的辅导员党老师，在访学过程中一直陪伴、照顾我们，在去美国的这段时间中，给我们提供了心理和生活上的支持。

在加州大学圣地亚哥分校，我度过了无比充实的3周。刚成年的我第一次脱离父母，与同学们一起在这个美丽的城市、历史悠久的学校学习知识、体验生活。

一、课程内容

（一）商务英语课程

我们首先见到的是Moira老师，她教授的商务英语课程让我印象深刻。她的课堂气氛非常轻松活跃，倾向于在课堂互动和随堂活动中让学生们学到知识。她给我们推荐了背单词的小程序——Quizlet，她会在上面发布我们每节课要学习的单词和释义，结合图片、单词填空、选词配对等有趣的练习，加深我们对于单词的记忆，使我们真正掌握单词。她还给我们纠正了英语的语音、语调，通过重复练习让我们体会其中的差别，从而使我们的发音更趋向“native speaker”。在课上，她鼓励我们勇敢开口，提供给我们许多练习口语的机会。除了口语方面，我们还掌握了分析图表时用到的一些实用性词汇，如fluctuate、wildly、mildly等用来形容图表变化的词，这些词语在未来进行全英文的商务报告、学术报告时候都会用上。除了学术性的英文单词和词组，她还教授了一些美国人惯用的俚语，使我们能更顺畅地与美国本地人交谈。

中国的英语课堂会偏向于练习写作和阅读，主要以教授学生考试技巧为主。与中国上大课的方式不同，Moira 老师给我们上的课程更偏向小班化，比较注重听力和口语的练习，她还比较注重课程反馈，每节课结束后，Moira 老师都会询问我们有没有问题。这种独立性极强的小班式教学也是美国课堂的特色之处，学生和老师之间的距离很近，亦师亦友，学生可以真正掌握所学内容并学以致用。

（二）会计与金融课程

会计与金融课程的 Mike 老师给我们讲述了许多实用的美国会计准则，他之前也在中国的审计部门工作过，因此他在中美财务会计的差异方面有较深的研究。在他的带领下，我们很好地理解了中美财务会计上的差异。美国会计准则核算理念认为财务人员应该根据实际业务模式选择合适的会计核算准则，他们会更强调企业外部环境以及内部环境的变化对会计核算的影响；中国的企业会计核算依然是以税务为基础，并且审计师在实际操作过程中的操作尺度相对于美国审计师要宽松许多。美国的资产负债表与中国的资产负债表设置的科目并不相同，下面将列举几项我印象比较深刻的内容：在其他应收款项中，中国的会计报表分为其他应收款、摊销费用、应收补贴款、预付账款和其他流动资产科目，而美国会计报表合并了以上几项，单设置其他应收款科目；在固定资产方面，美国规定房屋、家居等不允许计提残值，而按照全部价值计提折旧，中国则可以按照扣除残值后的金额计提折旧。尽管有一些英文专业术语很难听懂，但是在后面的课程中，我逐渐适应了他的节奏，并且觉得越来越有趣。他上课的方式与中国的会计课程并不相同，课堂上，Mike 倾向于与学生们一起互动，一起计算出最后的答案，这种老师与学生积极互动的轻松课堂氛围，让我深感奇特。他不会直接把一道题的答案给我们，而是会询问我们这道题的解法和答案，从课堂互动中观察学生对于自己教授的知识是否完全掌握。

学习这门课程的过程中，我开阔了自己的眼界，了解了中美会计准则的差异，虽然在很多细节上两个国家并不相同，但是万变不离其宗，只要认识并掌握了会计学习的本质，在学习中就会游刃有余，如鱼得水。轻松的课堂氛围使原本概念非常复杂枯燥的会计知识也变得有趣了起来，跟着老师一起学习，我感觉收获不小。

(三) 创新创业课程

访学期间,令我印象深刻的是 Brad 老师的创新创业课程,他的课由浅到深,循序渐进,从对企业家精神的了解,到分析许多商业案例,再到最后一节课的创业成功与失败的案例。

第一节课从最基础的如何创业讲起,接着第二节课讲述开创公司后如何克服面临的困难,再到第三节课的案例分析,Brad 老师给我们讲解了一些失败和成功企业的案例,他讲的案例都非常有趣,起到了调节课堂气氛的作用,引人入胜。他还讲了许多企业家创业的例子。例如,索尼公司创始人盛田昭夫和井深大,他们创造的最伟大的"产品"不是收录机,也不是栅条彩色显像管,而是索尼公司和它所代表的一切;华特·迪士尼最伟大的创造不是《木偶奇遇记》,也不是《白雪公主》,甚至不是迪士尼乐园,而是他创造的能给观众带来快乐的公司;萨姆·沃尔顿最伟大的创造不是"持之以恒的天天平价",而是沃尔玛公司——一个能够以最出色的方式把零售要领变成行动的组织。Brad 老师以这种知识点与真实案例结合的教学方式,使我们更容易地掌握他所讲解的概念和传达的想法。

二、参访活动

除了学习之外,校方还给我们安排了许多课外活动,圣地亚哥城市参观、泰勒吉他工厂参观、高通公司参访,这些活动让我们在学习之余得到了放松,同时又学习到了许多有用的知识。

第一个星期我们参观了圣地亚哥这个城市,对自己未来 3 周学习与生活的地方有了初步了解,我们看到了圣地亚哥的海滩、棕榈树、港口码头、街道行人,沿途的每个景色都充满了美国文化的气息;第二个星期我们参观了泰勒吉他工厂,观摩了著名吉他品牌是如何运作、生产的,对美国的企业有了更深一步的了解;第三周我们参观了著名的高通公司,它涉及了几乎世界上所有电信设备和消费电子设备的品牌,高通公司的客户及合作伙伴既包括全世界知名的手机、平板电脑、路由器和系统制造厂商,也涵盖全球领先的无线运营商。高通公司致力于帮助无线产业链上各方的成员获得成功。秉承一贯的创新精神,依靠技术创新和进步,高通公司不断引领 3G、4G 以及下一代无线技术的演进,在推动无线通信产业发展的同时,让先进的无线技术能够更好地造福人类。我们游览了他们的企业历史展板区域，了解了高通公司成立至今的产品演变，还感受了他们的企业文化。除此之外，他们的工作人员还给我们分析了高通公司的一些财务资料，让我们体会到了这个企业的繁荣与成功。

三、个人感受

3周的学习生活，我充分体会到了中美文化的差异，总结为以下几点。

1. 美国的小费文化

与中国不同，在美国的各种场合中都存在着小费这一说法，一开始我并不习惯支付这样的额外费用。但在美国访学的这一段时间里，我了解到小费文化是美国人出于对服务人员的尊重而形成的习惯。根据服务人员的工作态度、自己的满意程度，支付税前价格的15％～20％作为额外奖励给服务人员。

2. 美国文化的多元化

与中国不同，美国是一个移民国家，人口构成较为复杂，各种文化交相辉映，形成了各种民族、各种文化的“大熔炉”，因此美国的文化具有多元化的特点，并且带有强烈的时代气息，随着时代的变化而变化。这点在高通公司的参观中，也体现非常明显。高通公司的工作人员是来自全球的精英。高通公司吸收精英人才促进企业的进一步发展。在这里人们互相合作，达成共同的目标。

3. 美国文化的直接性

从古至今，中国人受儒家思想潜移默化的影响，形成沉稳、圆滑、矜持、讲究平衡的处事风格。而美国的主流文化源于欧洲，是一种开放型的文化。他们的处事方式非常直接，有什么问题会直接提出，他们认为这样才能更好地解决问题。这种态度在加州大学圣地亚哥分校的老师身上体现的十分明显，在上课的过程中，老师一直鼓励我们大胆提出问题，然后和同学们一起解决问题。

这次访学经历对我个人的影响非常大，无论是在学习上和生活中都有一定影响。在学习上，我受到美国老师的思维影响，思考问题的方式变得更加全面，更加注重逻辑性。去美国之前，我会倾向于解决问题，去美国之后，我会更注重解决问题的过程，认真考虑如何从不同角度和思路解决一个问题。另外，现在的我会倾向于有问题直接找老师和同学沟通，而不是闷在心里。在生活中，我会更加主动去争取一些东西，而不是被动地接受。

我们在美国学习的课程，除了一些学术性的特点以及每位教师独特的教学方式外，我还发现了许多共通之处。美国教师对于电子科技与课堂结合的运用非常广泛，他们会在上课之前通过电子邮件把下一节课的讲义发给学生，让学生提前预习，因此上课带平板电脑在美国是被允许的，老师也经常会用电子邮件与学生们进行沟通联系。在美国，学生与老师的关系非常友好亲近，中国老师与学生的关系更倾向于长辈与晚辈的关系，而美国的师生关系更加接近于平辈之间的友好关系。

为了让后面的活动更加完美，我还是要在这里对后续项目提出一些建议：这次海外课程研修项目中我们课程的展开还是以 20 个人的小班为主，希望后续的海外课程研修项目能增加一些与外国学生学术交流的机会，以更好地锻炼我们跨文化交流的能力。

我体验了美国高校自由的学习氛围和文化后，对书院未来的发展也有一些思考。我们书院开设的英孚教学真的很有必要，与国外的教学模式很像，能更好地让我们锻炼自己的英语。但对于书院存在的一些大课，如高等数学、线性代数等，也可以考虑将理论和实践相结合，老师在讲课的时候可以更多地结合题目和案例去讲解，这样学生会更易理解。另外，书院也应鼓励学生多与老师互动，这样才能达到学生和老师的互相了解，促进教学相长。在书院培养国际化人才方面，我希望书院继续为每一届学生提供这种海外交流的机会，让他们去拓宽自己的视野，培养跨文化交流的能力。同时，书院应重视英语学科的培养，将更多的重心放在英语学习培养上，毕竟从目前的学分占比看来，书院更加重视数学的素质培养，这样的重视并不是没有必要的，但是希望在重视逻辑思维培养的同时，书院也应重视学生国际化能力的培养，从各个方面为学生综合能力的提升制定一些培养规划。

我应该更努力考研或者出国留学，我认为只有不断提升自我，才能享有更多资源，成为更优秀的人。我还应着重培养自己的综合素质和交际能力，培养能够快速解决问题的能力，练就遇事冷静、沉着不慌张的沉稳性格。我要成为一个对社会有用的人，在未来的工作中，为企业、为国家作出成绩、作出贡献。

总而言之，这次的访学活动让我学到了很多，真的非常感谢书院和学校给我们这次机会，让我在开阔视野的同时，也学会换一个角度去看待世界。

环境中体验，学习中成长

| 陈星薪

在2019年的暑假，我荣幸地成为符合序伦书院海外课程研修项目选拔要求的学生之一，前往加州大学圣地亚哥分校参加2019年暑期会计与金融海外课程研修项目。该项目旨在强化荣誉生国际化能力的培养，帮助更多优秀学生开拓国际化视野，增强学术志趣，提升在跨文化环境下交流、沟通、合作和竞争的能力。在这20天的学习和生活中，我汲取了很多知识，不仅是知识层面的内容，更多的是从实践中领悟了在面对不同的文化时应采取的应对方式，以及如何在大环境中提升自己。

一、项目简介

（一）加州大学圣地亚哥分校简介

1. 学校排名高

加州大学圣地亚哥分校是世界顶尖的研究型大学，2019年*U.S. News & World Report*世界大学排名第17位。

2. 学术水平高

它在2018年*U.S. News & World Report*世界大学学术排名中，排第15位。

3. 地理位置好

它位于美国西海岸加州圣地亚哥市拉霍亚社区，气候宜人，是全美最安全的城市之一。

4. 校友成就突出

它有27位校友及教研人员曾获得28项诺贝尔奖、3项菲尔兹奖、8项国家科学奖章、8项麦克阿瑟天才奖和2项普利策奖。

（二）课程介绍和概述

美国会计与金融海外课程研修项目运用美式的会计金融教学方法，为学生展现了一个极其迷人的金融投资世界,用最短的时间助力学生在行业领域快速成长。在 UCSD 学习的课程内容包括加州大学圣地亚哥分校的美式会计与金融课程,同时还包括创新创业以及管理相关主题的客座讲座和商务英语学习,着重学术语言技能的提升和商业领域主题阅读与探讨,提升学生的会计金融英语能力。学生能够在全英文环境中提升沟通技巧,学习美国文化,加深对美国文化与社会的了解,并提升商业领域中的实践能力。此外,该项目学生还可以免费参加校内外的社会文化活动。

二、课程体验和参观经历

项目开始的第一天,我们参观了校园,办理了学生卡(见图 1),在老师的带领下找到了将要学习 20 天的教室,UCSD 的老师们也给我们下发了在校期间学习、安全、医疗、活动、出行的相关资料并进行宣讲和教育。比起国内的大多数高校,UCSD 的校园更大,也更与城市相融合,称得上是真正"没有围墙的大学",漫步在校园里,在感受学术氛围的同时,也能感受到圣地亚哥这个城市独特的风格。

图 1　校园卡及宣讲资料

在 UCSD，我们的项目计划为每周学习 18 课时，涵盖学术课程、专题讲座及圣地亚哥历史文化场所参观，主要的学术课程包括商务英语、会计和金融以及创新创业相关课程。接下来我将分课程和活动进行详细介绍。

（一）会计与金融课程

我们的会计与金融课程介绍了基于美国财务会计准则委员会(FASB)发布的美国财务会计准则的公认会计原则。本课程包括了财务会计、管理会计、融资、财务报表分析等会计实务。我们的会计金融课程老师 Mike(见图 2)在印刷出版、电子制造、生物技术、互联网服务和税务等行业担任 CFO 和财务总监超过 35 年。他负责的内容包括在中国、保加利亚、墨西哥、加拿大和加勒比地区的国内和国际业务。他的职责包括公司财务和会计、制造成本会计、运营管理和审计/税务监督。在他的职业生涯中，他曾担任一家子公司的总裁，并成功地参与了一家出版公司的杠杆收购。在 20 天的相处中，我们都深深地感受到这位老师的热心、细心和激情，即使头发已经花白，但他对待课堂依然充满热情，十分愿意倾听学生的想法，对于我们的问题也都乐意解答。

图 2　Mike 给学生上课的场景

在课程正式开始前，Mike 通过邮件告知我们每节课将要讨论的主题，并给我们提供一些学习会计的小建议。Mike 提出学习会计需要重点关注事务的细节。例如，在陈述内容的时候，若是少一个单词会导致整个事件意义不同，从而导致错误。他告诉我们不要匆忙完成一项财务练习，应该慢慢来，停下来想一想这笔交易，一名会计人员的能力和信誉正取决于此。

在为期 3 周的课程中，我们被鼓励参加讨论，在课堂上老师会提出需要思考的问题并作适当的引导。他鼓励我们表达自己的想法，让我们在学习专业知识的同时也提高了英语口语水平。由于中美会计准则的差异性，在面对同一个经济业务时，我们可能会有不同的想法和思考方式，老师也鼓励我们分享自己的理解和经验。在课堂上，经常会有针对当天主题的练习，一般情况下我们会在老师的带领下一起思考讨论完成练习。而在一天的课程结束后，老师也会带领我们共同熟悉下一个课程主题，为第二天的课程做好准备。比起国内课堂相对严肃的氛围，在 Mike 教授的课堂上，我们能够更充分地表达自己，或许一开始会有一些不适应，但在熟悉了课堂节奏后，我们学到了很多。

会计与金融课程难度由浅入深，基于我们之前学习的专业知识都是以中国会计准则为基础的，第一天 Mike 先给我们介绍了中美会计准则的差异。由于经济、政治、文化、法律、科技等外部条件和企业类型、性质、整体管理水平、企业领导对会计工作的重视度等内部环境的不同，不同国家会计准则都不尽相同。我们有必要学习中美两国会计准则的差异，汲取值得我们借鉴的东西，适应经济全球化的形势。① 美国财务会计报告目标是决策有用观，要求这些信息对已有和潜在的投资者提供投资等决策有用的信息。我国目前的财务会计报告目标提出了受托责任观和决策有用观的双重目标，既要求会计应当如实反映受托责任及其履行结果，强调信息的可靠性和客观性，又要求提供的会计信息有助于财务报告使用者作出经济决策。有了初步的理论基础后，我们后续便聚焦于学习具体的财务报表，如资产负债表、利润表、现金流量表等，同时跟着老师做各类的会计分录，有我们在大一会计学原理课程中已经学习过的基本的资产、负债和所有者权益的分录，也有我们在大一学年还未学习到的知识，如供应链、增加价值等。在课程的尾声，我们还学习了管理会计与预算、生产性能分析、资本投资分析与绩效分析、决策分析和财务分析等还未接触过的知识，为今后的学习打下了基础。

这段时间的课程学习也引发了我对会计这一行业的思考，我认为当前时代

---

① 龚大卫.中美会计准则差异研究[J].财会研究，2017(25)：17-18.

的会计要做的并不仅是像从前一样简单的整理数据、核对信息、向上级领导报账，更是要对数据背后的业务有着深刻的理解，并且需要对公司的运营和发展提出想法和意见。随着信息技术的发展和全球化的推进，我们更应该要了解国际会计惯例，要看得懂英语账目，熟知国际经济运作规律，学习先进的管理经验和模式。与此同时，仍要保持强烈的责任感和职业道德，热爱本职，忠于事业。

总的来说，UCSD 为我们安排的会计与金融课程很合理，使我们得到了提升。在初期，课程有着很好的衔接作用，提出了中美会计准则差异背景，将我们引入美国会计体系的大背景中；在中期阶段，在美国会计准则标准下学习相对简单的知识，让我们从实例中体会中美会计准则的差异，逐渐接受和融入美国的会计体系，开拓国际化视野；在最后阶段，我们学习了更为高阶的知识，为今后的学习打下了基础。

（二）商务英语课程

商务英语课程着重学术语言技能提升和商业领域主题阅读与探讨，旨在提升我们的会计金融英语能力，增强沟通技巧和效果，避免交流障碍和误区。在第一节课上，Moira 老师从词汇入手，先向我们教授了一些会计金融方面的专用词汇，以便我们在今后商务英语课程中进行练习，同时也在一定程度上缓解了我们在会计与金融课程上专有词汇听不懂、反应时间长的问题。Moira 老师还教授了一些描述图表、趋势变化的词汇，配有不同的图表进行练习，让我们在分析金融会计数据时有足够的词汇储备，不影响专业知识的学习，给我们学习专业课程打下了一定的基础。在词汇学习方面，Moira 老师给我们推荐了一个应用软件——Quizlet，并将其运用于课堂和作业（见图 3）。Moira 老师会在 Quizlet 上发表不同主题的词汇集，如有关于描述图表变化和阅读的文章中的专业词汇、谚语等，在每个词汇集中会设置不同的专栏，如词汇卡、读写练习、图文搭配和测试等（见图 4）。

在课程中，Moira 老师并不是单纯地让我们练习词汇、做阅读、练听力，而是用更加生动有趣、更美式的方法带领我们学习。在课堂上，她经常鼓励我们开口说英语，帮助有些同学摆脱对口语交流的恐惧和焦虑；她还利用 Quizlet 上的功能与我们互动，分小组进行词汇练习的比赛，增加了学习的积极性；同时，除必要的阅读和听力练习外，Moira 老师经常带我们进行情景扮演的游戏，在特定的情景中练习当日所学的知识。例如，她将几位同学分成一个小组，发放图表资料，让我们模拟一个公司，每人分管一个部门，在会议中交流本部门的资金情况、发展趋势和对未来

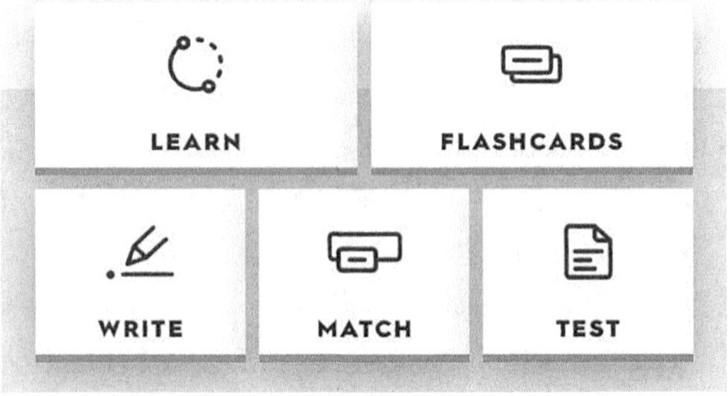

图 3　Quizlet 学习界面

图 4　Quizlet 专题学习模块

发展的建议。在情景模拟中,我们不仅可以熟悉和运用所学的知识,更可以熟悉在特定情境下的应有的表现,如在前文提到的模拟会议情境。Moira 老师还给我们讲了一些在会议中应注意的仪表姿态(见图 5)。

图 5　Moira 老师上课的情景

构建互动情景形式的教学活动可以引导学生掌握其中的交际特点,我们在情境之下可以结合以往学到的英语知识进行对话练习,进而重复训练并熟悉英语国家的用语习惯及表达方式,真正形成跨文化交际的能力。①国内的学生在一开始或许不能适应这样的课堂氛围,因为这与国内课堂的学习模式大相径庭。但当你真正参与其中,你就会发现老师设置的环节都是环环相扣的,在不知不觉中形成了一个体系,让人受益匪浅。

(三) 创新创业以及管理相关主题的客座讲座

在 UCSD 20 天的学习之旅中,我们参加了 3 次关于创新创业和管理的讲座,第一次的主题是"企业家精神",第二次的主题是"商业模式",最后一次的主题是"成功和失败"。我们的老师 Brad Shoen 是一名企业家、投资者和社区领袖,有着丰富的创业经历,也取得了很多成就。作为青年总裁协会圣地亚哥分会和 WPO(国际包装组织)圣地亚哥分会的主席,Brad 有着丰富的领导经验。

① 李青.基于跨文化交际的商务英语改革探析[J].淮南职业技术学院学报,2019(3):103-105.

Brad 获得成功的关键驱动力是通过获取不相关的数据和事件,将其转化为战略行动的能力。同时,Brad 不仅仅满足于自己的成功,也乐于为数百名企业家和高管提供建议、指导和培训。

在我们的第一次讲座中,Brad 讲到,创业是设计、启动和运营一家新企业的过程,通常一开始是一家小企业,创建这些企业的人被称为企业家。也就是说,企业家是任何为自己工作的人。他们不作为另一家公司的雇员得到报酬。他们的收入来自出售自己设计或购买的产品,其差额就是获得的利润。他同时给出了公司的一些例子,包括通过改进现有想法的公司,如谷歌和苹果;以不同方式使用现有资产的公司,如 Uber;持有特许经营权的麦当劳和肯德基;提供服务的干洗店、美发店、美甲店等。Facebook 的创始人马克・扎克伯格也说过,企业家精神是创造改变而不仅仅是创造公司。在 Brad 老师看来,创新由发明和商业化构成,发明是指解决一个问题,在这个过程中,技术和科学是远远不够的,更重要的是实验。创业需要的不仅仅是一套技能,同时也是行业知识以及网络、地理上的优势。

Brad 在讲座中提出的 4 个关于创业和企业家的理解给我留下了很深的印象:

(1) 企业家是培养出来的,不是天生的。

(2) 创业很少是一次性的决定。

(3) 资金、人员和技术是创业成功的最大障碍。

(4) 企业家有共同的特点。企业家坚信他们的行动控制着结果,当别人看到问题时,他们看到机会。此外,他们有高度的风险承受能力,对失败有很高的容忍度。

Brad 在讲座中不仅仅给予我们理论上的知识,更给我们讲了许多具体的案例,让理论知识变得生动起来,也让我们对理论有了更深的理解。

回望我国现有国情,在经济迅猛发展、生活节奏逐步加快的当今社会,政府顺应时代趋势提出了“大众创业,万众创新”的口号,并加大出台重点鼓励扶持大学生创新创业方面政策的力度。从一系列的优惠政策中不难看出,大学生创新创业能够解决就业困难,是实现自我价值的新出路,并已经受到政府和社会的广泛支持和关注。① 如今大学生就业形势十分严峻,创新创业成了大学生就业一个不错的选择,而 UCSD 的创新创业以及管理相关主题的客座讲座带来了我们创新创业初步的理论知识。

---

① 袁琳,李晓梅,田静茹.关于当代大学生创新创业路径的研究与思考[J].辽宁工业大学学报(社会科学版),2019(8):113-115.

（四）参观泰勒吉他工厂

Taylor Guitar 由 Bob Taylor 和 Kurt Listug 于 1974 年创立，现已成长为全球顶级原声吉他的领先制造商。泰勒吉他工厂以融合现代、创新的制造技术和工匠精神而闻名，其产品被认为是世界上音质最好、最容易演奏的吉他之一。该公司是使用计算机磨机、激光、其他高科技工具和专有机器的先驱，其作为有远见的原声吉他制造商在整个乐器行业中被广泛认可。

在 Taylor Guitar 官网，有关于制作泰勒吉他的信息和如何找到适合客户吉他的指南，除此之外，每周一至周五下午 1 点（节假日除外），泰勒吉他工厂有免费导游带领的观摩活动。

我们在泰勒吉他工厂参观了原声吉他制造的全部步骤（见图 6）。我们在工作人员的带领下参观、体验了每一个过程，从木材的选择到最后的组装，看到了每把吉他从原始木材演变成成品乐器的过程，我们感到十分惊叹。同时，在与工厂员工的交流中，我们也感受到了 Taylor Guitar 的企业文化和轻松的工作氛围。

图 6　参观泰勒吉他工厂

（五）参观高通公司

高通公司于 1985 年创立，目前有 33 000 多名员工。高通公司是全球 3G、

4G 和 5G 技术研发的领先企业,目前向全球多家制造商提供技术使用授权,涉及了几乎世界上所有电信设备和消费电子设备的品牌。高通公司发明的基础科技改变了世界联接与沟通的方式,其发明开启了移动互联时代。今天,其发明的基础科技催生了那些改变人们生活的产品、体验和行业。高通公司正在迈向 5G,新一轮蜂窝技术的变革将激发万物智能互联的新时代,并在网联汽车、远程健康医疗服务和物联网领域创造全新机遇。

进入高通公司后,我们领取了访客证(见图 7),并进行了短暂的自由活动,一面满满的贴着专利的墙(见图 8)吸引了我们的注意力,这都是高通公司拥有的专利,体现了其非凡的创造力。高通公司以创造为核心,公司的多个部门除研发大量的新技术外,还拥有一个共同的目标,即致力于发明新的方法来改进全球通信技术。

在短暂的自由参观之后,有专门的员工带领我们去参观高通公司的历史博物馆,他为我们讲解了公司自 1985 年创立到如今的发展和进步,同时有一面墙上也展示了通信设备的发展历程,从笨重又功能单一的拨号机到如今轻便小巧、功能多样的移动手机,这是许多科学家努力的成果,我们也相信未来通信技术将会有更大的进步。

图 7　高通公司访客证

图 8　高通公司专利墙

三、项目总结和感悟

在项目结束前，UCSD 为我们举办了此次项目的结业典礼，并为我们颁发了结业证书(见图 9)和纪念礼品，给我们这次项目画上了圆满的句号。

图 9　结业证书

于我而言,此次项目不仅仅是单纯的学习,更是一次体会不同文化背景的特别经历。经过这一段旅程,我不仅丰富和提升了专业知识,还学会了如何用国际化的视野看待事物。在全英文的环境中,我的英文水平也有了一定程度的提高,同时也提高了在跨文化环境下交流、沟通、合作和竞争的能力。

中国大学生在美国课堂

丁碧莹

2019 年的夏日，我们刚体验完第一年的大学生活。从前在别人故事里听到的大学生活，似乎和自己的不太一样。我们忙着修正自己的印象，把自己从高中生调整成大学生的模样。有趣的是，在这场纵向的矫正中，学院还为我们增添了横向的测量维度。这个暑假，我们在辅导员的带领下，怀揣着对大洋彼岸大学生活的幻想，前往美国加州大学圣地亚哥分校，开始了为期 3 周的海外课程研修项目。

经过 15 小时的长途飞行，我们顺利入住了该校的学生公寓。虽然路途遥远而波折，但消磨不了我们内心的新奇和激动。在美国进行访学的这 3 周，我体验着美国大学生的生活方式，喟叹着中美之间的文化差异，看到、学到了许多新鲜事物。下面，我将从以下几个方面来记叙这次访学之行。

一、课程学习和参访项目

在美国的这 3 周，学院为我们安排了三门课程的学习，分别是会计与金融课程、商务英语课程和创新创业课程。这些课程和我们在国内学习的课程接轨，既能让我们在原有知识储备上进行扩充，也能让我们独立思考，对比中美课堂间的异同。

（一）关于会计与金融课程

为我们教授会计与金融课程的是 Mike 教授，一位德高望重的老者。第一节课他就将这三周的教学安排向我们做了展示，并通过邮件向我们发放了用来课前预习的资料。上课的时候，Mike 教授通过给我们讲解定义，以及带领我们模拟练习财务报告的制作过程，让我们了解财务会计的内容。Mike 讲解定义时，我们有时会感到难以理解，一是因为语言障碍，二是因为知识点难度。但在进行模拟练习时，即使我们无法完全弄清原理，通过实操演练也可以学习到会计处理方法的精髓。

于我个人而言，我偏向于这种讲练结合的教学方式。它可以让同学们在课堂上及时巩固所学知识点，也更容易发现自己没有真正理解的地方。很多时候，学生跟着老师的思路进行笔记摘录，一节课下来记满一页纸，但仍无法在大脑中形成自己的思路。课后即使发现疑点也无法及时有效地得到解答。而在课堂上暂时停止知识灌输，让学生自己运用知识来解题，往往可以达到事半功倍的效果。目前在国内高校课堂中，老师们也普遍采用了这样的教学方式。在这一点上，中西方教育还是共通的。

在参加这次访学活动之前，我总听见一个论调，说“没有哪个国家的学生能够考过中国学生”，因为中国学子九年义务教育带来的大大小小数百次考试使他们具备很强的应试能力。很多人说，中国的课堂更加注重理论的教学，追求的是将书中的知识灌输给学生；而美国的教学观念更自由，偏向于将理论转化为实践。但我认为，这个观点放在现在来看，已经有些落后。美国的课堂，也需要考试来验证学生的学习情况，也需要布置一些课题来让学生探讨，只是具体的措施不同罢了。在会计与金融课程的学习中，我们处理了许多数据，编制了几份完整的报表。

开始时，Mike 教授希望我们能够带着电脑去上课，因为财务会计的学习会接触到很多数据，在 Excel 软件的帮助下可以实现更高效的处理，也可以免去打印的耗费。但因为我们在国内的学习仍然是以书本为主，无法及时适应这种学习方式，最后教授只好每节课都将资料打印出来分发给我们。

客观而言，利用软件的功能优势查看资料，可以大大提高学习效率，尤其是对于会计报表编制这种需要大量数据处理的课程。虽然目前国内的知识载体和交流方式仍然以纸张为主，但这种带电脑上课和直接在电脑上操作的方式是值得借鉴的。可能有些人会觉得带电脑、平板等电子设备上课，同学们容易做其他与上课无关的事情。确实，对于自控能力较差、对新鲜事物充满好奇的初中生、小学生而言，手机、平板最后很可能沦为玩乐的工具，所以很多软件都更新了未成年人模式，这也从侧面说明，智能设备应该逐渐成为学习的工具，只是对于一些自律不足的未成年人需要加入外部手段来控制罢了。对于大学生而言，这样基本的自律能力是我们应该具备的。从踏出高中校园开始，我们就是自己的领路人。曾经我们厌恶、吐槽班主任的严加管控，可从步入大学开始，没有人会为你的玩物丧志、为你的颓废而焦虑，自己的人生全由自己把控，慎独是为人处世的基准。

实现无纸化学习，不仅可以节约资源，保护环境，减轻学生上课负担，还为师生之间信息传递带来了便捷。相对于背着一书包的书去上课，带一个电脑或平板会更加轻便。网络的普及也为师生之间传递学习资料、提交作业、线上答疑提供了便利。另外，一些实用的学习软件，如 Goodnotes，可以边记笔记边录音，课后对于不理解的笔记也可以快速找到语音进行学习。这些软件的运用，确实给我的学习带来了很大的进步。这个时代在飞速发展，学习工具确实也在不断"改朝换代"。既然社会已经为我们提供了便利，我们为何不试着做出改变呢？

（二）关于商务英语课程

Moira 老师在每节课上课前都会播放一首和今天课程主题有关的歌曲，曲风多偏欢快。因为商务英语课程被安排在下午，刚刚从午睡的"安乐窝"中出走，大家的精神总是比较萎靡，老师就用这样的方式来让我们打起精神。这让我想到自己高中时的英语老师，也会在下午的课间放一些轻快的音乐来让我们消除困意。相较于单调的警告学生不要上课睡觉，这样的方式更有趣和有效。除此之外，老师也会在歌曲中挑出几个英文单词进行讲解，达到寓教于乐的效果。因为课时较短，我们重在体验当地的课堂氛围，所以老师上课的内容比较简单，有更多的时间进行互动。她喜欢通过情景模拟的方式来进行教学。例如，在学习怎样描述数据变化的时候，她会将我们随机分成几个小组，让我们每个小组自己决定公司名字和经营业务，以及每个小组成员在公司中担任的角色。然后她会给我们一些她准备好的材料，让我们以公司会议汇报的形式来描述所给的数据。还有一次，她将我们随机分为产品销售者和购买者，让我们每个人必须和 5 个人进行对话，并记录购买情况。用来上课的教室椅子正好是那种连着桌板可以自由滑动的椅子，这就方便了我们展开这种情景模拟的活动。相对于古板的知识传输和做题，这种情景模拟的教学方式让课堂变得更加有趣，也可以将学到的知识及时加以利用和巩固，因为是随机分配的小组，也让大家可以结识到更多的人而不是拘泥于自己的小圈子里，培养了学生的社交能力。

总而言之，3 周的授课让我们体验了全英语教学的课堂模式，体会到了美国教师的授课方式。但因为我们是 20 个同学一起上课，很多地方老师不得不迁就我们的节奏，导致有时不是我们在感受美国的课堂，而是老师惊讶于我们的上课习惯。例如，很多老师都不理解我们喜欢一群人挤在一块地方上课的习惯；对于我们课堂上的沉默也无能为力。

当然，除了日常的课上学习，学校还安排了许多有趣的参访项目。我们走进泰勒吉他工厂,参观吉他制作车间,在讲解员的带领下认真观赏吉他制作的每一道工序。我喜欢民谣,有人说,唱民谣的人很穷,穷得只剩一把吉他;唱民谣的人很富,富得四海为家。从前我只看到人们弹着吉他淡淡哼唱,把乡愁和爱恋轻轻诉说,或者抱着吉他肆意呐喊,表示不羁与放纵。看完吉他制作工序,更是相信每一把吉他都有它的故事。

我们还有幸访问了高通公司总部,通过了解高通公司产品的发展过程,意识到原来已经有这么多高科技的东西被创造出来了;我们还参观了当地的博物馆,感受到了西方的街头文化和建筑风格。在国内时,序伦书院也曾组织我们参观上海证券交易所等,邀请财务会计、金融从业者来给我们演讲。这些实地的走访和对他人经验的吸收,有利于我们了解行业发展情况、更早明确自己的发展方向。

二、访学感悟

这次海外访学之旅转变了我的一些看法。我之前认为,以当今中国的发展态势,只要待在国内好好读书、工作,就可以获得相对优质的生活,同时我也想在国内发展,做一个平凡的人,过完平凡的一生。但当我有机会走出去领略不同的文化后,我觉得当代年轻人应该具有全球化的眼光,多出去走走,尤其是在这个经济全球化的背景下。

海外访学有一个好处就是开阔眼界。我之前的人生规划就是完成学业后,找一份收入不错的工作在上海定居下来。但感受过国外文化的魅力后,我希望自己可以进入更广阔的平台。

在美国的 3 周生活里,我感受到了当地人的热情、友善和开放。每次我们进入餐厅用餐时,工作人员都会很热情地与我们打招呼,有时我们也会调侃是不是因为美国人的生活条件好而人口又太少,所以见到人的时候总是这样热情。在没有出发前,老师提醒我们美国的局势动荡,我们也因为那些持枪杀人的新闻报道而惴惴不安,但还好我们遇到的都是善良可爱的人。我也希望自己回国后可以保留这份热情和善意。

这次访学过程中,我还发现了许多曾经不知道的中美文化差异。例如,在美国,在大街上撑一把遮阳伞是格格不入的;想要喝一杯热水也很难。所以我认为,很多东西只有真正经历过,你才会了解,光靠在网上查找资料或者听别人口述是远远不够的。只有多出去走走看看,你才能了解到更多新奇、有趣的东西。

曾经的我喜欢把自己当作生活中的观众，我喜欢站在一个不起眼的角落里观看别人的故事。可现在我希望自己有时候能放下中国人的那份谦虚和退让，要敢于展现自己，发表自己的意见，提出质疑。虽然中国的教育方式已经有了很大的改进，但“尊师重道”“以本为本”的思想早已印刻在了我们的脑海里，不自觉地相信课本里说的一切，记录老师说的每一个字，想要寻求一份标准答案。我们习惯在课堂保持沉默，勤勤恳恳记录老师的语录，对于老师的抽问总是学鸵鸟把头埋得低低的，脑中不是在快速思考答案而是一遍遍祈祷自己不被抽中，因为害怕自己的回答不是标准答案。这样的课堂氛围，会让学习变得无趣和生硬。20 岁的年纪，应该有自己的独到见解，有创新的勇气，有打破陈规的野心。

对于英语学习，我也有了更深的理解。之前学习英语，更多的是为了考取证书，对自己的学习激励不大，也因为没有出国的打算，所以觉得学习英语没有太大的意义。但经过这 3 周的访学经历，我意识到了拥有一口流利的英语的重要性。在休闲时间我们也会结伴去商场、公园闲逛。在美国的奥特莱斯，有许多比较优惠的商品，但我囿于沟通障碍，没有办法买到自己心仪的商品或者获得更多的优惠，也因为语言不通而品尝不到许多当地的特色美食。英语不好带来的困扰让我切实感受到了英语的重要性。现在，我不再将英语学习的终点定在考英语四、六级或者雅思、托福的等级考试上，不再只注重于答题和书面阅读，我认为日常用语可能比这些来得更重要，我希望自己学习英语的结果是可以和别人用英语流畅的交流，希望自己有一天可以流畅地用英语说出自己的想法。

三、提出的建议

对于这次海外项目，我觉得有以下几点可以改进的地方。

在课程设置方面，虽然短短的 3 周时间没有办法让我们学习到太多的专业知识，更多的是为了体验当地的学习氛围，但这样集中式小班化的上课方式还是没能让我们真正体验美国的课堂。我们在美国上的每一堂课，都是我们 20 位相互认识的中国同学一起，即使有时老师希望用他们的方式来授课，也会因为无人配合而被迫适应我们惯有的节奏。当然，我们不可能真正进入在校生的课堂听课，毕竟我们的能力有限，但希望可以安排几节课的时间，以 2 至 3 人为一组分散进入在校生的课堂进行旁听。即使我们不明白他们所学的知识，也可以了解他们的上课方式和课堂氛围。否则我认为这和我们在学校里接受英孚老师的授课是一样的效果。

除了课程安排外,对于课外活动的安排也可以进行调整。我们每天下课后,基本都是以宿舍为单位进行活动,而活动内容也不过是去校园外看看风景和人文景观。我们很少有机会去参与当地的社团活动,我们甚至很少有机会和 UCSD 的在校生进行沟通交流。我们自己可能没有胆量和机会去主动接触,所以希望书院在设置课外活动时,除了让我们去参观像高通公司一样的大企业和浏览当地特色景观以外,可以提供一个平台让我们参与到当地在校生的课余生活中,了解他们的课外生活。

3 周的时间,可以用来看三本文学著作,可以养成一个新的习惯,可以玩几十局游戏,可以看完一部电视剧。而我们有幸用 3 周的时间,为自己打开了一个新的世界。虽然 3 周后,生活还是原来的生活,但我们似乎不再是原来的我们。

“Let there be light” 让知识之光普照
——加州大学圣地亚哥分校访学心得

| 郭　瀚

加州大学圣地亚哥分校是世界顶尖的研究型大学。在美国国家教育调查委员会的调查中，该校是全美排名第10位的高等学府，与哈佛、耶鲁及普林斯顿大学齐名，被评鉴为全球最重要的学术机构之一，更于2010年至2014年在华盛顿月刊(*Washington Monthly*)美国大学排名中连续5年蝉联全美第1位。

总的来说，本次UCSD海外课程研修项目的课程安排是充实而紧凑的。在这3周的时间里，每周有4天满课，余下的那天，学校会给我们安排一些很有意义的参访活动，包括圣地亚哥城市参观、Taylor Guitar以及高通公司的参访。

一、学习篇

(一) 基本情况

我们学习的课程有三门，分别是会计与金融课程、商务英语课程和创新创业讲座。从课时上看，会计与金融课程一共有12节课，每周4节，每节课3个小时；商务英语课程有6节课，每周2节，每节课2个小时；创新创业讲座共3节课，每周1节，每节课1.5个小时。

从课程大纲上看，会计与金融课程的上课内容是完成教材 *Financial & Managerial Accounting-Information for Decisions* 整本书的教学，商务英语课程的上课内容是完成“表示变化的商务词汇”以及“财经新闻中的商务词汇”的教学，创新创业讲座的内容包括“什么是企业家”“商业模型以及常规的损益表”以及“企业家的成与败”这三次讲座。从作业的布置上看，会计与金融课程老师往往会要求同学们回顾课上的概念和实务练习，商务英语老师会布置同学们在手机应用软件上完成单词卡片的学习，创新创业讲座老师会要求同学们预习下节课的讲义并观看讲座相关的视频。

从上课形式上看，UCSD的课堂是丰富多彩的。有老师讲课学生听课的形式，也有小组讨论头脑风暴形式，还有给定情境的模拟对话形式。这三种形式无一例外受到了同学们的广泛欢迎，三门课程的课堂参与度很高。同时，老师们也很注重和同学们的交流，及时调整难度，从而帮助同学理解课程内容。

若是分析国内课程与海外课程的差异，总体的情况就是国内的老师更重视理论知识的传授，而UCSD的老师们更加注重实践、互动以及辩证与发散性思维的培养。关于"注重实践"，Mike老师的会计与金融课程上带领我们练习填制不同类型的会计财务报表；关于"注重互动"，商务英语课程上Moira老师鼓励我们积极回答问题，也设计了许多以小组为单位展开的情景对话练习；关于"注重辩证与发散性思维"，创新创业讲座上，Brad老师组织同学们以小组为单位头脑风暴出各式各样的商业模式，并带领我们分析它们的异同与优劣。

总而言之，在老师的辛勤付出与同学们的不懈努力下，同学们学到了很多实用的专业知识，为之后专业课程的进一步学习打下坚实基础，收获满满。

(二) 主要内容

第一周，我们就接触到了以上所介绍的三门课程，分别是会计与金融课程、商务英语课程和创新创业讲座。

首先，在会计与金融课程上，Mike老师带我们学习财务会计相关的内容，使我们了解到中国与美国会计准则的区别，并进行了相关的业务练习，我们受益颇多。由于大一我们学习过会计学原理，在上这门课时，除了初期对于一些专业词汇的表述还不够熟悉外，其他的专业课内容能够比较快的适应与消化。

其次，商务英语课程是一门扩充专业词汇的实用类课程。Moira老师上课的时候很注重课堂上的师生互动以及学生间的互动。老师常常把我们分成小组，鼓励大家多开口练习，让我们熟能生巧。此外，在课下老师会在Quizlet上布置课后作业，帮助我们复习与巩固(见图1)。

最后，创新创业讲座是围绕企业家精神展开的，老师为我们详细介绍了成功企业家所具备的品质，由浅入深地将生活中的案例与商用术语结合在一起，具有很强的启发性，能够很好地帮助学生开拓思维。

第二周，在会计与金融课程方面，我们学习了一些之前没有接触过的内容，如管理会计，所以在上课时略显吃力。为了解决这个问题，在课间我会整理学习中遇到的困难，及时向老师提问。在课下，我每天都对当天所学的内容进行整理

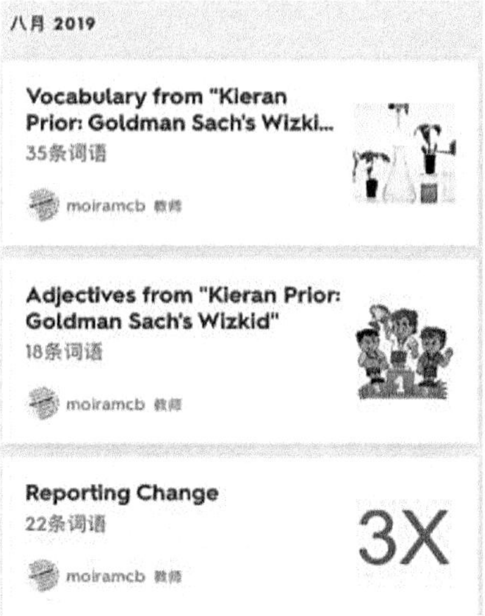

图 1　Quizlet 软件内作业界面

复习，也常去 UCSD 的图书馆借阅会计学方面的书籍作为补充阅读，让我的学习更加扎实。此外，除了课程方面的提问外，我还以发邮件的方式向 Mike 老师请教我们序伦杯（书院组织的学术创新活动）课题小组在研究中遇到的一些问题，Mike 老师非常热情地进行了解答，为我们提供了很大的帮助（见图 2、图 3）。

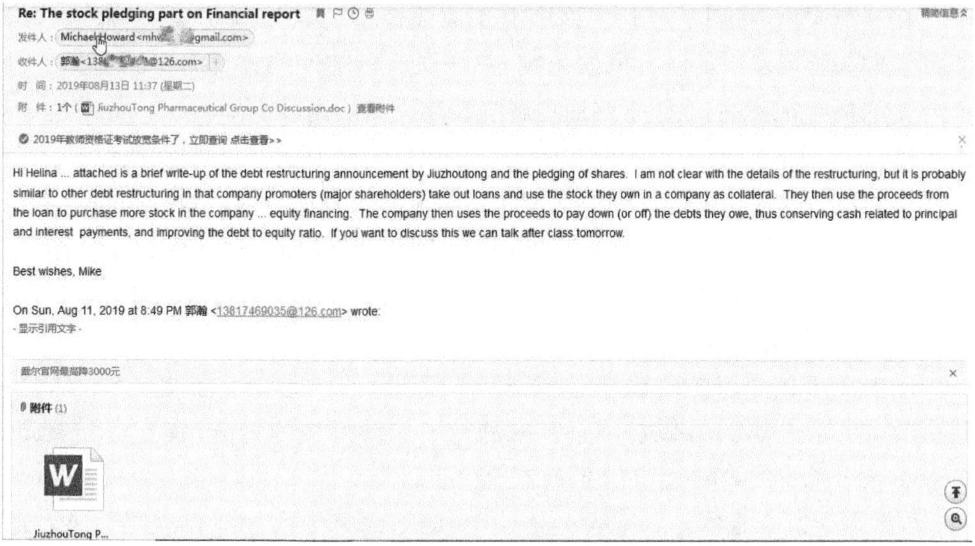
Re: The stock pledging part on Financial report

发件人：Michael Howard <mhw gmail.com>

收件人：郭瀚 <138 @126.com>

时　间：2019年08月13日 11:37（星期二）

附　件：1个（JiuzhouTong Pharmaceutical Group Co Discussion.doc）查看附件

2019年教师资格证考试放宽条件了，立即查询 点击查看>>

Hi Helina ... attached is a brief write-up of the debt restructuring announcement by Jiuzhoutong and the pledging of shares. I am not clear with the details of the restructuring, but it is probably similar to other debt restructuring in that company promoters (major shareholders) take out loans and use the stock they own in a company as collateral. They then use the proceeds from the loan to purchase more stock in the company ... equity financing. The company then uses the proceeds to pay down (or off) the debts they owe, thus conserving cash related to principal and interest payments, and improving the debt to equity ratio. If you want to discuss this we can talk after class tomorrow.

Best wishes, Mike

On Sun, Aug 11, 2019 at 8:49 PM 郭瀚 <13817469035@126.com> wrote:

- 显示引用文字 -

附件 (1)

JiuzhouTong P...

图 2　Mike 老师的邮件答疑

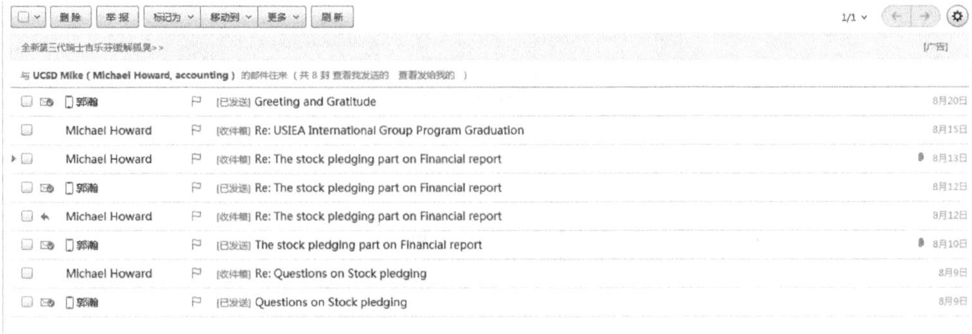

图 3　与 Mike 老师的邮件往来

在商务英语课程上，经过 1 周的锻炼与磨合，我终于能够更加自信地开口发言，并且熟练运用经管类专业词汇了。不得不说，英语口语的学习只有开口和不开口，只要开口说英语，接下来的一切都变得简单许多。我们上课的内容也逐渐进入从口头用语向书面用语过渡，学习词汇的数量和难度也都变得更加具有挑战性。好在有之前 1 周的学习做铺垫，我们学起来也就得心应手。

在创新创业讲座上，Brad 老师逐渐带我们从序幕进入正题。他介绍了公司获得利润的方式，有 Freemium(像许多电子游戏公司一样，游戏本身是免费的，但道具和人物角色升级需要充值完成)、植入广告、按小时收费以及订阅和会员制。在这节课上，我们学习到了许多关于商业模型的新知识，Brad 老师通过组织同学们头脑风暴以活跃大家的思维，并在课后以邮件的方式向我们推荐了讲座相关的视频，使我们能够更好地理解与消化讲座的内容。

第三周，三门课程的难度都有所提升。为了更好地适应与消化，我每天都会去图书馆进行复习。同时，Mike 老师向我们传阅了教材的纸质版。我去淘宝查询后发现国内并没有购买该书的渠道，并且 UCSD 校内的图书馆也无法借阅到该书籍。不过同系列的教科书，图书馆里还有许多。于是我打算去图书馆一探究竟，从而进行更加深入的学习(见图 4、图 5)。

随着图书馆学习的次数增加，我对于 UCSD 的图书馆有了更为深入的了解。首先，对于学习的区域，图书馆内进行了三种区域的划分，有 Conversation Encouraged、Quiet、Silent。在 Quiet 或者 Silent 区域，学生们自主而安静地学习，不允许交谈或者饮食。在这些楼层中，自习的桌子往往配有电源插座。还有一些有隔间的座位，布局上很像办公室隔间，但座椅和桌子的角度设计得非常舒适。学生在学习的时候不必担心自己的一举一动会暴露在他人的视线下，很好地保护到了个人隐私，给人一种安全感。在 Conversation Encouraged 区域内，有着很多的讨论室。讨论室里有一个大圆桌，还配有空调、投影仪和黑板，这些讨论室是对所有学生开放的。此外，在这个分区的公共区域，还设有咖啡馆，为同学提供咖啡和小零食，因此很多学习小组也会选择在公共区域展开学习讨论。

图 4　图书馆内借到的财务会计书

图 5　畅游书海

二、生活篇

其实我之前完全没有想到，UCSD 的校内宿舍条件如此之好，各种硬件设施一应俱全，宿舍小房间里有书桌和衣柜，公共区域内配备有独立卫浴、灶台、烤箱、餐桌和沙发（见图 6）。

不过对于中国学生而言，有两个方面是我们无法马上适应的。一方面，宿舍里没有集中供应饮用热水的地方，需要去食堂提前打水或者自备电热水壶在宿舍烧水；另一方面，食堂里的饭菜主要以美国风味为主，调料大多以清淡的奶油味为主，喜欢重口味调味的学生可能会不太适应。

不过，这些都是小问题。学校后勤部门的老师非常热情和细心，我们遇到生活上的问题时，他们会非常耐心细致地给予解答，并且后续会发邮件与我们进行

图 6　宿舍内小餐桌

确认,工作效率很高。总的来说,在 UCSD,只要勤思考、多交流、主动解决问题,便很快能适应这里的学习氛围和生活方式。

第二周的生活非常丰富多彩。我们打卡了人气餐厅 Red lobster,品尝了当地的大龙虾,感受了当地的饮食文化与氛围(见图 7)。全班一起游玩环球影城,开启追溯童年回忆的夏日奇幻之旅,侏罗纪公园漂流、变形金刚过山车、哈利·波特,可谓精彩纷呈。此外,在游玩的同时,我们充分获得了与当地人

图 7　Red lobster 的龙虾牛排拼盘

交流的机会，无论是排队中前后左右的游客，各个游乐设施的工作人员，还是纪念品商店的前台导购，在与他们的交流中我们自信地将英语口语学习运用于实践。

时间很快来到了第三周，第三周的学习安排是充实而紧凑的。由于第三周的周末我们就要搭上美航班机返回上海，这周我们便没有安排外出游览的活动。这里主要谈谈参观高通公司和探索校内健身房的经历。

我们参观高通公司的行程主要有两个环节，即展馆参观和讲座会议。在展馆参观环节，一位印度裔的技术高层为我们详细讲解了高通公司的发展历史、涉及的核心技术领域以及公司的人文情怀（见图 8、图 9）。在讲座会议环节，另一位管理高层向我们简单介绍了公司财务状况以及股权结构。每个环节展示完毕后都有问答环节，同学们事先做足了功课，问了许多与专业相关的以及公司核心技术方面的问题。虽然事先有点紧张，但在得到了负责人详细又生动的回答后，这份紧张便默默褪去，留下的只有满足感和成就感。

图 8　高通公司大楼

图 9　高通公司展馆

在繁忙的学习之余，这周我终于能够抽出时间，好好探索一下 UCSD 的健身房。健身房一共有三层，第一层是前台、更衣室以及衣柜；第二层是主层区，经常能看见有学生在这里开展跆拳道课程；第三层是有功能分区的运动区域，有体操房、器械健身区域等。除了健身房外，学校还配有大面积的球场。我去健身房锻炼，主要使用跑步机和登山机，因为我一直在找机会减脂，所以不假思索地选择了这种简单但消耗热量多的运动。这里的健身氛围很好，跑步机很受同学们欢迎，我发现没有空余跑步机位置后，便选择了登山机。由于在国内鲜少去健身房运动，我不太会使用健身器材。不过这里的工作人员和其他来健身的学生都非常的热情，在他们的帮助下，我很快掌握了使用要领，适应了这里的运动节奏。

那天我的最终成果是在登山机上运动了 1 个小时,相当于骑行5.2公里,消耗 655 大卡(见图 10)。

图 10　登山机显示屏

三、收获篇

(一) 学习方面

总的来说,这次海外课程研修项目的经历为我带来了很多收获,对我今后的职业规划也会有很大帮助。首先,在国外学习时文献资料更为广泛,且搜集起来没有限制。在 UCSD 校园内,登上学校图书馆官网,我们便能接触到许多分门别类的电子文献资料,这对于我们进行专业知识的拓展学习起到很大的帮助。其次,专家教授们能够很好地带领我用新颖独到的视角看问题,这很大程度上提升了我的批判性思维能力。此外,在这次项目课程中,循序渐进的讲座和课程能够帮助我提升思考问题的深度和广度。最后,这次访学的经历提高了我运用英语作为语言工具查阅文献的能力。对于下定决心准备考研的我而言,这样的学习经历在某种程度上也为以后读研究生阶段阅读外文文献、做学术研究打下扎实的基础。

(二) 能力方面

这次访学经历在很大程度上提升了我自主探索与学习的能力。就项目整体安排而言,面授课堂、创新创业讲座再加上参访活动的安排是十分充实的。这样的安排有助于我快速了解经管类相关的专业词汇表达,深入学习理论知识并将其与实践相结合。此外,本次访学校方允许我们自主安排周末的活动,这非常有助于培养我们的自理能力。我们宿舍的 4 名同学选择去圣地亚哥动物园游玩,我们提前在官网上查询了购买门票的途径,并弄清如何提供相关证明并享受学生票折扣优惠,我们还在官网上下载了动物园各园区的地图。出行当天,我们提前在"uber"上预约出租车,也合理安排了园区就餐的行程。这一系列的自主安排不仅能够提升个人的自理能力,也间接提升了团队协作的能力。

本次访学也给予了我上台演讲、提升语言表达能力的机会。长久以来,我一直专注于学习,也曾因为各种原因,错失了展现自己能力的机会。因此,这次我下定决心,跳出自己的舒适圈,紧紧把握住了眼前的机遇。其中,让我最有成就感的两件事情分别是结业仪式的上台演讲,以及为 Mike 老师送上感谢信和纪念品(见图 11、图 12 和图 13)。

图 11　结业典礼演讲照片

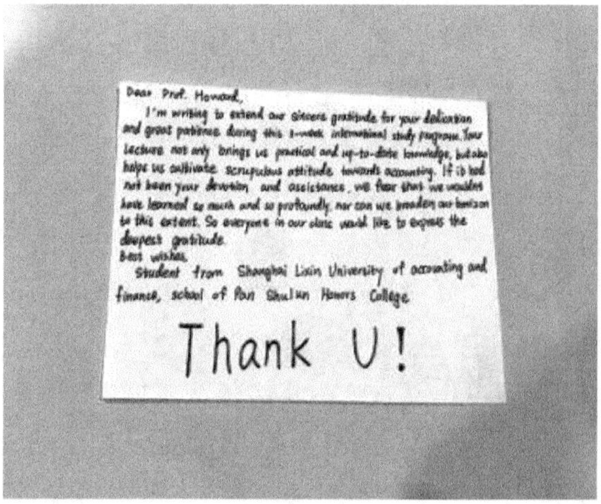

图 12　感谢信正面

图 13　感谢信反面

四、对项目的建议

总的来说,本次海外课程研修项目的圆满落幕得力于各方的努力与投入。为了使得序伦书院今后的海外课程研修项目能够进一步完善,我想主要提出以下几点建议。

对于序伦书院,我的建议主要涉及以下三个方面。首先,我希望序伦书院能够将海外课程研修项目纳入常规海外交流项目,从而鼓励更多的优秀学生积极参与。其次,希望序伦书院能与 UCSD 校方联合,完善访学项目课程考评机制,提高对同学们的学习要求与评价管理。例如,将同学们在 UCSD 修得的学科成绩纳入我校海外实践学分的评分标准。最后,希望学校能够对在访学过程中取得优异成绩或者表现突出的同学予以表彰。例如,学校可以在德育分的评分标准中增设“海外实践”测评点,为参加海外项目以及在项目中受到表彰的同学提供德育分加分。

对于 UCSD 校方,我希望该校能够给予参加海外课程研修项目的同学更多融入学校文化氛围的机会,增设更多学生活动,使学生之间有更多交流。例如,可以开设 UCSD 学生与访学学生的交流会,通过茶话会的形式让同学们在轻松的氛围下进行学术或者文化方面的交流。另外,希望贵校能够给予访学学生旁听公开课的机会,让学生们更多地走进课堂,更好地融入学习。

彼岸筑梦

| 杨　洹

在 2019 年 5 月下旬的时候，海外课程研修项目的访学学生名单就已经确定了。对我个人来说，这是一次极其难得的机会。我们行前的准备工作还是挺繁琐的，由于我在此前没有一点经验，在办理护照和签证环节，手续的繁琐甚至让我产生了放弃此次机会的想法。现在看起来，那段忙碌的时间也给自己带来了很多好处，学到了怎样去做时间规划。

一、人在美国

2019 年 7 月 29 日，我们乘坐航班前往美国洛杉矶，我们一行 20 名同学将在洛杉矶国际机场转机前往圣地亚哥，到达我们此行的目的地——加州大学圣地亚哥分校。到达的当天晚上，一位 UCSD 的老师负责将我们引领至学校宿舍安顿下来，我们的美国访学正式开始。

(一) 学习

既然是访学，那么学习肯定是第一位的。UCSD 为我们安排了三个学科老师，他们分别是 Mike、Moira 和 Brad。Mike 是我们的会计与金融课程老师，他是一名退役的海军士兵，略微有点上年纪，但是看起来十分精神。Mike 老师非常负责，他总是会给我们打印很多学习材料，一步一步地教我们如何在美国的会计准则下做好一些会计处理。他详细地为我们解答了众多会计上的问题，还介绍了一些美国的会计标准。他知道我们刚到美国，不熟悉这样的语言环境，他还特地留出时间，让同学之间交流讨论。

在美国的会计准则里，他们的会计处理是可以使用后进先出法的，但在中国这是禁止使用的。美国的会计标准采用的期末计量是选用成本和市价，而在中国我们是选用成本和可变现净值孰低来作为期末计量。在固定资产折旧方面，美国的会计标准是采用余额递减法，中国的计量则是采用双倍余额递减法。商誉在中国是不算一项无形资产的，而在美国会计计量里面，商誉是很重要的一项无形资产。

在学习中遇到缩写时，我们总是会反应很慢，而且会和已经学过的一些常用缩写混淆。例如，普通股和优先股的英文分别是 common stocks 和 preferred stocks，缩写就是 CS 和 PS，而我们在上个学期微观经济学中学到的 CS 和 PS 分别代表了消费者剩余（consumer surplus）和生产者剩余（producer surplus）。在会计与金融课程上，老师在讲完知识点后总是会让我们做一些习题，以练习和巩固知识点。

Moira 是我们的商务英语课程老师，她是一位素食主义的女性。她的上课风格与 Mike 截然不同。会计与金融课程严谨又理性，而在商务英语课程上，Moira 总是非常的活泼，教课的时候也是以玩小游戏和情景模拟为主，并让我们进行英语口语的锻炼。另外，在每次上课之前她会给我们听一首与金融有关系的音乐，以此来调动我们的积极性。同时，她也推荐我们用 Quizlet 软件来实现多媒体教学。Moira 的大部分教学内容都是和会计、金融和经济直接相关的，用一些非常有意思的联想记忆法教我们记住单词。这些单词也确实在我们阅读外文文献的时候，提供了极大的帮助。每次会计与金融课程下课后，我们也许会觉得有点烧脑，甚至认为有点枯燥的时候，Moira 的课总是会带来一点点惊喜。课上，她和我们分享了她非常喜欢的一位中国网红——李子柒。并且还讲述了她作为一位素食主义者，在看李子柒的美食视频的时候，产生的一些非常矛盾的思想。

Brad 是 UCSD 的特聘老师，他原本是一个小有名气的企业家，受到 UCSD 邀请，为我们开展了三次极其精彩的课程。在课堂上，他为我们介绍了一些企业的成长过程和一些知名企业家的发家史。Brad 是一个典型的美国人，也是我们在电视上经常看到的那种美国人形象。他在每一次的课程中都非常的自信，他讲述了企业家精神是什么、企业是怎么样形成的、企业应该如何赶上时代的热潮。

我个人是非常佩服 Brad 的，我认为商场如战场，每一次的博弈都是无声的行动。在变化莫测的商场中，Brad 坚持自己的想法，卖掉了自己的企业。这样一个经历过金融危机的人，还能再次谈笑风生，其精神是可嘉的。我们在 Brad 的故事中渐渐入了迷，他那有力而简洁的语句带动我们跟着他的节奏，并对他所讲述的内容十分信服。

（二）环境

我们抵达圣地亚哥后，地接老师就直接把我们安顿在了学校的宿舍，宿舍是一个典型的工业化设计的楼房，灰色的水泥覆盖住冰冷的钢筋，内部的装潢简约且大方。这种棱角分明的建筑简直就是我的最爱，它们就像欧洲某些时代的小城堡。在这个宿舍里住着，简直就是一个别样的惊喜。

宿舍的楼下，就有一个食堂。食堂的装潢也和国内大相径庭，餐桌可以让很多人聚在一张桌子上，一起言欢。由于此次海外课程研修项目的学生都是与我同为书院的学生，平常我们吃、住、行基本都是在一起的，所谓“独在异乡为异客”的感觉也就少了几分。

我们到达 UCSD 的第二天，UCSD 的一位工作人员接待了我们，带领我们参观了校园。直到那个时候我才知道这个全美排名名列前茅的州立大学有多大。盖泽尔图书馆是我最喜欢的建筑（见图 1），它用理学最优美的线条，用最朴实的几何元素——正方形，构成了这个学校的风景线。盖泽尔图书馆有非常严格的楼层分区，如第八层是完全不能发出任何声音的 Silent 区域，第四至六层是 Quiet 区域，底层是一些功能区和讨论区。最终我们停留在了安静区，各自在书架中找了一本感兴趣的书阅读。

在宿舍楼的后面是一片操场，这里的操场非常大，有 6 个篮球场、1 个足球场、3 个网球场和 2 个沙滩排球场。

图 1　盖泽尔图书馆

(三) 参访活动

第一次的参访活动我们去了泰勒吉他工厂,这里的吉他卖得非常贵,我原本认为这里的吉他和普通的吉他并没有什么差别。事实证明是我狭隘了,泰勒吉他工厂的工人在制作吉他的时候,连湿度和温度都要精确控制。我了解后才明白一个简单东西也可以做得如此精细,这可能就是所谓的工匠精神。这也让我意识到,没有哪一项成功是轻而易举的,不管是什么样的工作,什么样的行业,都需要付出努力和坚持。

此外,我们参观了高通公司。高通是一个我比较熟悉的公司,我对它的芯片技术很感兴趣。随着骁龙 855 手机处理器的发布,高通公司在我眼里甚至是走向了衰落。毕竟在芯片方面,在国外市场,它比不过苹果的 A 系列芯片;在国内市场,它的研发后劲又比不上华为。但是通过此次参访,我又一次刷新了对高通公司的认知。他们现在正在着手芯片技术的改进,另外在 5G 方面也是做到了使用外挂基带的芯片。此次参访,也让我意识到,我们不能骄傲自大,即使我们的 5G 技术在现阶段比较强劲,但我们仍然需要不断地创新和发展,才能走在世界前列。目前,高通公司不仅在芯片方面是龙头,在很多的电信业务方面,它依旧是巨头,此外,它还掌握了大量的专利。而我们要做的就是好好学习,将知识付诸实践,将来步入社会,为祖国奉献自己的一份力量。

(四) 娱乐活动

课余时间,我们去了 La Jolla 海滩,海滩的风景就是我们理想中画卷的模样。傍晚,天空中泛红的云,带着淡淡的黄晕,在夕阳最后的余晖下,海豹在海滩上走出了歪歪扭扭的曲线。碧蓝的海水翻卷着,裹着浪花,一下又一下地冲刷着海岸线。在看完落日之后,我们去了一家烤肉店,喝着饮料,吃着烤肉,这种感觉令人回味无穷。此外,UCSD 的老师还带着我们游览了圣地亚哥的城市景观,不像耸立着各式高楼大厦的纽约,在圣地亚哥,多数房子就只有五层楼高,就像是我们经常在影视剧里面看到的那种典型的欧美风格。

二、回国前

项目结束前夕,UCSD 的老师还非常热情地解答了我们对于一些课程的疑问。项目结束的当天下午,UCSD 的项目负责人为我们开了一个结业典礼,在典礼上我们给老师赠送了礼物——一个中国风的茶杯和序伦书院的院徽。在典礼的最后阶段，Mike 老师也来了，他没有在结业典礼上讲话，但是在典礼结束后他和我们每个人都握了手，有同学说，Mike 的眼眶湿润了，我们又何尝不是呢。

三、感想与建议

非常感谢序伦书院对我们此次海外课程研修项目提供的大力支持，此次访学，让我对于国门之外的世界有了一个更加直接的认识。我认为在这一次研修的过程中，我学习到了很多东西，见识了文化的不同和意识形态的多元，也见识到了两种教育的不同。我认为中国大学生应该多交流，去见识更多的人和更大的世界，不断拓宽自己的视野和见解。

在课程建议方面，我个人认为本次项目的总体课时安排是相对合理的，但在课程设置方面，应该适当加大金融课程的课时比重。

四、作为荣誉书院的学生应有的国际视野

当今的世界，不再只是局限于国内。梁启超说过："少年胜于欧洲，则国胜于欧洲；少年雄于地球，则国雄于地球。"我们不能够再偏居一隅，目光狭窄，当一只坐井观天的青蛙，我们应严格要求自己，开拓视野，使自身具备全球性思维和国际化视野。序伦书院应该尝试将学生国际视野的拓展纳入生涯规划教育的整体统筹，构建多层次、交互性的大学生国际视野教育体系，从而引领更多学生主动地参与海外交流项目及活动，助力提升学生的国际竞争力，满足国家"一带一路"倡议对人才的新需求。① 而对于我们学生来说，在享受着荣誉书院的优质资源的同时，也要给出优秀的回应。

---

① 孔难难，杨敏，郑晓梅.生涯规划视域下大学生国际视野教育新体系的探索[J].大学教育，2017(7)：145-147.

海外访学感受及中美文化差异

| 孙江雅

家在小城市的我，来到上海上大学已是人生中意外的惊喜，得知获得去美国参与海外课程研修项目的机会后，在感谢序伦书院给我这次海外访学机会之余，更是对此次的出行满怀期待。美国加州大学圣地亚哥分校是设立在美国加州圣地亚哥的一所世界顶尖的研究型大学，隶属著名的加州大学系统，是环太平洋大学联盟和北美顶尖大学联盟美国大学协会(AAU)成员。该校被誉为“公立常春藤”盟校，属于最高级别(Tier-1) 全美最顶尖公立大学之一。在这样一个世界综合排名靠前的大学访学是许多中国学生向往已久的。此次海外课程研修项目的目的是让我们在国外课堂环境下体会到中美文化以及课堂氛围的差异，提高自身口语和听力能力，同时巩固会计学原理等相关知识点。出发前我既有期待也有担忧，期待不一样的景色，担忧不一样的交流！

一、初来乍到

仍然记得，当我踏上美国访学之旅的时候，并没什么特别的感受，也不像电影、电视剧中描述的那样激动人心，更多是轻微的不安和迷茫。在飞行途中，隔着厚厚的玻璃向外看，天空很蓝，有着夏末明亮而耀眼的晴朗。但我却突然觉得很远，远到令我动容，不论是远隔重洋的父母，还是陪伴我 20 年的故乡，这十几个小时的旅程，将我带到了另一个远方。历尽千辛万苦，我们终于成功抵达圣地亚哥。走出航站楼，看到树不一样，天不一样，唯一熟悉的是斑马线和交通标志以及手中也“略显疲惫”的行李箱。去学校的路上，大巴车的座椅很舒服，公路很崎岖，窗外的夜景很美。到了公寓楼前，我拍摄了 1 张宿舍楼对面小房子的照片，不是因为它很特别，而是因为这仿佛是安顿好之后的第一抹亮光。在夜色下，老师分好了宿舍，刚踏进宿舍就听到同学们的拍手叫好声，我们无一例外地惊叹于公寓的高级配置以及整洁的床铺，在忙碌地洗漱后，我躺在床上体会初次来到美国的感受。

第一,独在异乡少了父母的絮叨,拥有了更多自由的权利。这让我联想到中美文化的差异。追求个人自由是美国文化的信仰之一。要想了解美国,至关重要的一点就是理解他们对"个人主义"的崇拜。这种根深蒂固的思想,从其家庭教育中就能体现出来。美国父母给予孩子足够的自由,他们有权表达自己的思想,决定自己想做的事。通过这种方式,孩子们逐渐认识到他们是独立的个体,他们必须有自己的思想,为自己的决定负责,为自己的将来负责。独立自主是美国思想体系的核心,也是其实现个人自由所要付出的代价。他们认为每个人都是独立的个体,依赖父母或行事犹豫不决,都是弱者的表现。多数美国人不喜欢依靠别人,甚至也不愿意接受父母的帮忙,而父母亦鼓励子女早早离家,独立生活与发展。中国文化则更多地强调集体主义,主张个人利益服从集体利益,主张同甘共苦、团结合作、步调一致。

美国是一个由移民组成的国家,或许正是因为这种强烈的自由主义和个人主义,他们告别自己的故土和同胞,为自己创造更好的生活。因此,无论你来自哪里,人们都会把重点放在个人身上。此外,在美国,人们高度重视个人成就,重视自己能否脱颖而出,重视是否能创造价值,这也是为什么创业精神在美国颇受欢迎。中国是一个古老的国家,历史悠久。因此,中国形成了一种重视稳定、和谐的社会文化。

第二,美国人是相对开放和直接的,在机场,我们见到许久未见的夫妇深情拥抱激吻的场景,就能明白美国人更善于通过肢体语言来表达内心;中国人则选择含蓄的表达方式,更偏向用一个眼神、一个表情或一行泪水来表达感情。在接下来的专业课程中,我也能感受到,美国老师表达的直接性,在讨论中,他们往往因秉持着不同意见而直接争论,而在中国往往更倾向私下争论,或用更委婉的方式表达。

二、久违的认真

此次海外课程研修项目的最大目的是学习会计与金融专业方面的知识。通过 36 个课时的会计与金融课程,我了解了美国会计体系,深刻体会到了中美会计准则的差异。在填写资产负债表和利润表的过程中,我认识到会计这个职业的潜在要求是细心,很多微小的细节可以让一个公司的资产利润状况有很大的不同,在这个课堂上,我也初步了解到用于预测破产的公式。美国课堂给我感触很深的是,老师永远乐于回答学生的任何问题,即使问题非常离谱或者是课外问题。与老师闲聊时，更像是在与一位年长的朋友交流，如在商务英语课程上，老师会通过分享自己和女儿之间的故事来讲述一些当代青少年的社会问题。

此外，在国外的课堂上，老师热衷于鼓励学生展示自己，他们将更多表达的自由给予学生，这一点在创新创业课程中有很大的体现。老师在传达怎样成为一名优秀的企业家、怎样面对成功和失败等概念时，会先让我们自己思考自己将怎样领导一个企业走向成功，并鼓励我们大胆地说出自己的想法。总而言之，对于项目安排的三门课程，在会计与金融课程上，我学到了不同体系下会计的做账方法；在商务英语课程上，我领略到了国外开放自由、热情浪漫的生活氛围；在创新创业课程上，我再一次有了勇往直前的信心。

根据以上三门课程，我也总结出中国和美国在教育理念上的不同。美国注重基础教育中实践和创造的部分。在教学方面，美国学校注重启发式教学，特别是个性发展和自我表现，注重培养学生的操作和动手能力，并不是只关注考试成绩。在课堂上，课堂气氛活跃，老师侧重引导学生独立思考。课外作业主要是为了锻炼学生的动手能力和培养思考的习惯。中国基础教育注重知识和课堂教学形式。在中国学校里，老师通常会采用统一的教学模式、考试要求和评判标准，尽管这种形式对于基础教育有一定的强化作用，却扼杀了学生的创新精神。

三、一抹悠闲

除了紧张的课程安排，学校也组织了一些活动帮助我们更加了解美国的文化。为了拓宽视野，学校安排我们集体参访了高通公司。高通公司创立于1985 年，总部设于美国加利福尼亚州圣地亚哥市，拥有 33 000 多名员工，他们遍布全球。高通公司是全球 3G、4G 与 5G 技术研发的领先企业，目前已经向全球多家制造商提供技术使用授权，涉及了世界上所有电信设备和消费电子设备的品牌。高通公司秉承一贯的创新精神，依靠技术创新和进步，不断引领 3G、4G 以及下一代无线技术的演进，在推动无线通信产业发展的同时，让先进的无线数字技术能够更好地造福人类。在中国向下一代无线技术演进的过程中，高通公司致力于向中国的运营商、制造商和开发商提供支持。高通中国也积极为推动中国移动通信业在技术研究、人才培养和科研成果产业化等方面的发展作出贡献。“想象力比知识更重要”，时至今日，爱因斯坦的这番话依然正确，高通公司坚信想象力和创新能够促进技术进步，最终使用户受益。高通公司的创始人之一兼董事长欧文·雅各布斯博士表示：“我们用创新思想缔造了高通公司，并希望在创新道路上有所作为。"20 多年来，高通公司为研发投入巨资，创造了数以千计的创新性理念、方法和产品，从而改变了无线通信世界。

通过这次参访，我认为一个国家要想在某一方面做到优秀出色，必须要求这个国家有很强的创造力，这也是为什么美国鼓励人们开拓创新。传统的中国文化要求人们不偏不倚，但随着中国社会发展的进程，中国人也逐渐意识到开拓创新的重要性。尤其是在 5G 研发方面，华为势头强劲，在全球的 5G 研发方面占据着重要位置，开创了中国科技创新的新局面，这也激发了中国青年的创新热情。作为青少年，我们应该在大学中不断锻炼自己的创新精神，培养合作共赢的模式状态。国家也在不断鼓励大学生进行科技创新。

最后一周，我们集体参观了位于圣地亚哥的泰勒吉他工厂，"只做最好的吉他"是创办人 Bob Taylor 在 1974 年创建泰勒吉他工厂时的信念，直到现在始终如一。就一家只有 30 余年的吉他品牌而言，要挤入高级吉他的行列原本就不易，而泰勒吉他从木料、做工、音色等方面，不断挑战人类制作吉他技术的极限，展现了吉他制造上的细致与执着。在工厂大概一个半小时的参观中，我深刻体会到了制作一把好吉他的复杂工序，由此也联想到，我们作为当代大学生，应该踏踏实实走好每一步，就像做好最后喷漆之前的每一道工序一样，扎实掌握学科基础课程，为最后考研或者出国留学做充足的准备。在参访过程中，介绍人也讲述了一些制作吉他过程中的困难，但工人们都能够克服困难并尽力做到完美。这也让我感悟到，在平日的学习过程中，遇到困难不必着急，我们应当借助身边所有可以利用的有利条件及资源，攻克难关。

在学习的闲暇时刻，我们会去购物中心为家人、朋友挑选礼物。我们还利用周末时间去了海边和环球影城，海边的蓝让我体会到了宽广和惬意；环球影城给我带来了感官刺激，让我体会到了科学与技术。

四、让善良流行起来

这次出国最大的感悟是对善良的理解。美国人通常都很尊重别人，无论是在歌剧院还是在戏院，他们都能做到噤声欣赏，在餐厅吃饭时的他们交谈声音也相当低。排队时他们都很守秩序，插队是不被接受的，蜂拥上车的事情也很少发生。在公交车上，每一站都能听到乘客对司机表示感谢的话语；在食堂，随时都能看到工作人员嘴角的一丝微笑。在看到公共交通为残障人员提供的便利条件时，我意识到文化建设对于一个国家的发展也是至关重要的。对此，我想给书院未来的建设提一点建议:让善良流行起来!安逸舒适的环境通常能够激发人性的善良,所以书院可以通过打造更加舒适的学习环境,营造良好的书院文化环境,开展更多文体活动,增强文化建设,促进学生良好行为习惯的养成。

五、再见,UCSD

我此次参加海外课程研修项目的目的就是通过亲身经历来打破我对一些事物已建立的固有认知,这次经历让我看到了自己眼界之外的世界,引导我走出舒适区,让我从一个更大更真实的世界里认识到更小更清晰的自己,成为简单而强大的人。

二、中美教育差异思考篇

体验访学项目，浅析中美高校差异

| 胡　喆

我很荣幸能通过遴选参加加州大学圣地亚哥分校海外课程研修项目的学习，此次经历使我收获颇丰，我不仅开阔了眼界，与美国文化有了一次零距离接触，更是学习到更多与国际会计接轨的知识，通过与此前学习的会计知识的融合，我对会计这个行业有了更深层的理解与认识。对此，我对序伦书院与活动承办方 USIEA 深表感谢。以下是我对此次海外访学活动的一些看法和感悟。

一、初体验

我在为期 3 周的海外课程研修项目中，对美式教育体系有了初印象、初体验，也同时感受到了圣地亚哥这座城市的魅力。

我到现在还清晰地记得抵达的第一天。抵达圣地亚哥时已是傍晚时分，但天只是有些许暮色。虽然早就知道圣地亚哥的气候宜人，但是微凉的风从手臂拂过时还是使我感到惬意。坐在去学校的大巴上，看着周围一栋栋错落有致、风格迥异的独栋小墅和完备精致的绿化带，“一座宜居城市”，我在心中如是评价，不禁期待起 UCSD 的风貌。抵达后，我们直接到了宿舍，并准备第二天参观校园的行程。宿舍楼的外表是不饰以涂料的水泥墙体，冷硬但不失精细的工业风风格，宿舍的内里更添温馨，地毯的铺设与淡黄色的墙壁给人宾至如归的感觉。第二天的参观也令人大开眼界，学校很大，每个小的建筑群落都有自己的风格，走在路上能看到有些学生兴趣社团正组织着滑板或是单车活动。校园中最为引人注目的建筑要数盖泽尔图书馆，它巧妙地运用了正方形的元素与角度，无论从哪一面看，盖泽尔图书馆都是校内最靓的楼！图书馆总共有八层，第一层是电脑房，方便学生使用，第二层则有一个巨大的讨论室，学生们可以在其中自由讨论，分享自己的学习心得，在这一层还有服务人员帮助学生答疑解惑，甚至还有一个小型的文化走廊。图书馆内的自习环境优良，极为安静，馆藏书目也颇为丰厚，这样一个高颜值、高质量的图书馆实在让人羡慕不已。

二、学习体验

3 周时间的学习给我们带来了全新的体验。我们学习的课程有会计与金融、商务英语和创新创业讲座。所有授课的老师都精神饱满,发放的讲义内容十分丰富,各个老师的性格特征也很分明。

(一) 会计与金融课程

让人印象最为深刻的是会计与金融课程(见图 1),授课教授 Mike 是所有授课老师中年龄最长的一位,也是学术气息也最为厚重的一位。从每天所发的讲义来看,Mike 老师在备课阶段极为用心,准备了很多内容。每次上会计与金融课,同学们都认真听讲,教授每抛出一个问题,同学们都会主动跟进思考,小声讨论,努力跟上课堂节奏。也有很多同学会积极利用下课时间向老师提问,解决疑惑,老师也都会耐心解答。教授在授课过程中,还会带领我们处理实例,体验会计处理的过程。会计与金融课程由设计账户和会计分录开始,这部分与我们在国内学习的会计课程内容大致相似,如基础制造企业的周转流程,从材料入库到生产成本、制造费用、管理费用最后结转为库存商品,可以巩固所学。同时,教授也强调了中美会计准则的不同,美国的会计准则灵活性更强,更侧重于事项实质性;中国会计准则规范性

图 1　会计与金融课程

更强。此外,教授也为我们讲解了未来现金流现值的计算方法。我个人觉得这一课程由于是专业课程,老师也迫切想要教我们更多的内容,因此每节课的内容都很多,因此我希望可以适当增加相关课时,以此分散每堂课上的内容,这样可以使我们有充分的时间理解和记忆。

(二)商务英语课程

商务英语课程是课堂氛围最活跃的课,Moira老师上课总能充分调动起我们的积极性,她还善用手机应用软件来辅助教学,教学形式新颖,所有人都参与其中,同学们的学习动力与效率不断提高。相比之下,中国教育模式下的英语教学,缺少应用英语的培养,口语技巧的锻炼尤为缺乏。Moira老师为了使我们更好的理解专业课程中的专有名词,选取有关金融、经济、会计等方面的专业领域词汇教授我们,如对于数据走向的分析"go down""fluctuate"等这些实用的短语、词汇,不仅在这次的项目中能帮到我们,相信在不久的未来,我们阅读经管领域的英语文献时,更能给我们提供不小的帮助。我觉得这一课程充分体现了完善的课程体系和紧凑的课程环节,我学习到了很多。

(三)创新创业课程

创新创业课程准确来说是以讲座的形式开展的。Brad老师给我们讲述他所理解的企业,他曾来过中国创业,也经历过2008年的金融风暴。他真诚地和我们叙述着他的经历和所见所闻,其中也包括一些传奇企业的起伏成败。这些事例让我们对于企业家的成功与失败有了更深的了解,也充分意识到企业管理没有绝对的成功与失败,从某种意义来说,公司得以存续就是成功。让我印象深刻的是Brad老师并没有把自己创办的企业过分看重,看到不错的机会时,他会果断的出售企业。这课堂中我们学到的更多是过来人的经历与经验,这对于还在大学中的我们来说特别珍贵,因为这对我们在做的职业发展规划具有指导性作用。我在上这一课程的时候,可能因为自身语言能力的不足,很多内容都有不懂和遗漏之处。因此我建议Brad老师可以放慢进程,确保我们能听懂。同时可以不拘泥于选取一位企业家来讲解,可以多增加一些案例,这样我们也能从中得到不同的经历经验,有利于自己理性分析和思考。

(四)体会

这次出国之行最大的感触还是中美教育方式的不同。美国大学的课堂氛围和课程容量在我看来是相对轻松的，学生的学习更多是靠自己对于书本材料和文献资料的研读，并在课堂上与同学、老师针对所学知识进行探讨，因此课堂氛围是活跃且多元的。这种学习方式更多是靠学生在课前、课后进行自主学习，思考问题，上课进行讨论解决。在我看来，这样在激发学生积极性的同时能更好地锻炼创新思维能力和独立思考能力。同时，美国的教育也是较全面的，除了初步的理论知识，实践运用的机会也是不少的。

相比之下，中国式大学教育更偏向于中学灌输型教育的延续，虽然中国的大学教学理念正在向国际化接轨并逐步完善，但是学生们在接受了 12 年"填鸭式"基础教育的基础上，学生都习惯等待老师灌输知识，而会忽略或是不重视课前预习与课后复习。这种灌输型的教学效率是极其低下的，往往需要大量课时去教授知识。而且，中国的教育止步于理论，虽然设立了实践课，但效果不明显。这样一来，大学教育还是不可避免的通过加大课程量来弥补课堂教学效率低的状况。

三、生活篇

（一）参访活动

在这次访学项目中，我们也有着不少的参访活动，序伦书院为我们创造了与企业、居民文化交流接触的机会。参观知名吉他制造商泰勒吉他工厂（见图 2），让我了解了吉他的制作过程，感受到了工匠精神。他们对于原材料的产地和存

图 2　泰勒吉他工厂

储的温度、湿度、时间都有苛刻的条件设置，对于每一块木板拼接的木纹都有严格的筛选，甚至工艺流程、工厂选址都要严格把控，每一步的制作误差的调整都是精上加精、优中选优。每把吉他面上花纹的构型和制作也都颇为考究，有着这样的制作工序，我对泰勒吉他的知名度不再怀疑。

参观高通公司，也让我了解了高通公司这一通信行业巨头的发展史(见图 3)。1993 年，高通公司通过 CDMA 芯片来展示自己的数据服务，这也为更好的移动网络联接扫清了道路。高通公司非常善于设计、制作和销售集成芯片，2000 年，高通公司在自己的多媒体 CDMA 芯片和系统软件当中集成了 GPS，这也就把 GPS 和互联网、MP3 和蓝牙功能结合在了一起。在随后的几年里，高通公司的芯片又获得了更多的能力，包括大幅增强的处理性能和改良的电源管理。这也确保了他们在 2007 年成为世界领先的移动芯片提供商。高通公司并没有就此满足，它在 2007 年年末推出了骁龙芯片平台。该系列芯片也把手机的功能、性能和节能性带到了新的水平和高度。高通公司还和 HTC 合作，为世界首款 Android 智能手机——2008 年 10 月问世的 T-Mobile G1，制作了处理芯片。虽然骁龙系列还兼顾了黑莓、Windows Mobile 和 Windows Phone 设备，但它们真正的成功来自 Android 平台。几乎所有的智能手机大厂都采用了骁龙芯片，包括三星、索尼、LG、摩托罗拉等。这一发展史给我了很大的震撼，高通公司洞悉并掌握了通信技术的发展方向，才能有如今的成绩。

图 3　高通公司的专利墙

(二) 课余生活

学习之余，我们也感受了圣地亚哥的风貌，参观了加州海岸，傍晚的夕阳和起伏的海浪令人沉醉，海水湛蓝，不少海鸥、海狮休憩在沙滩上，惬意十足。当然，我们在这次的项目中除了学习上的难题，也遇到了一些生活上的问题。我作为一个中国人，平时生活离不开热水，但到了美国才发现热水是很难找到的，食堂大多供应冰水或者气泡饮料，唯一能找到的热饮品就是黑咖啡。这让我一度很苦恼。但是我也意识到这也算作一种饮食差异，就只好克服困难。

我还会选择在 UCSD 的校园里散步，观察学校里大学生的学习、生活状态，校园里的同学都是匆匆忙忙的，在一些角落能找到某些兴趣社团的小团体在开展活动。在一些餐厅或是自习室都可以找到一些激烈讨论的学习小组、分享自己的学习心得，这样浓厚的学习氛围使我尤为羡慕。

晚上通常是我们的运动时间，班上几个男生经常在一起打篮球。篮球在美国是最受欢迎的运动项目之一，美国人的篮球水平也普遍很高。我记得有一位老爷爷和我们班同学一起打篮球，他对于各种技术姿势都信手拈来，为人也很友善热情。在生活中，我从未感受到任何一个美国人的恶意，出租车司机都会向我们学习中文，类似于“你好”“谢谢”这类词汇，他们还不忘在下车时给我们最好的祝福。

(三) 体会

通过生活中一些琐碎的感受，我能明显察觉到中美之间的文化差异。我们在乘坐公交车的时候发现，美国的公交车对于残疾人非常细心，司机会耐心等待乘客，并且公交车会提供踏板方便轮椅上车，而车的前半段都是爱心座位。同时，公交车的前方还有供放置自行车的扣架。其实不只是公交车上，美国几乎所有建筑里都有残障人士专用道，哪怕是购物广场也是如此。我想这种人们自发形成的对残障人士等弱势群体的尊重是值得我们去学习和宣扬的。

中国千年文化传承下来的文明礼节在中国人的日常也都有体现，如谦虚、礼让等。这在美国土地上是少见的，他们更多会传递给我一种现代化的气息，而缺乏文化的底蕴和厚重。

四、建议篇

说了这么多体验和切身感受到的差异,我也想到了一些对于书院发展的建议。首先,关于课程学习,书院可以强制检查学生预习情况,这样可以改善课堂状况,节省灌输型教育的时间,学生们习惯预习机制后,课堂效率的提升会更为明显。其次,我建议老师布置的作业可以形式多样化,以展示、实例、调查等形式促进学生知识的接纳和吸收,使课堂富有趣味性。最后,我认为也可以适当增加一些参访活动,使同学们不只局限在校园中学习,提早了解到一些社会经验,对于学生未来发展是有益无害的。

同时,这次的访学项目也有着一些不足之处。我们住在一栋中国游学项目专用的宿舍里,所面对的教学课程也是为我们小班单独打造的,与我们期待的和国外学生近距离接触,或被分插到各个班级里听课的体验有着不小的差距。因为我们是和同行的同学一个班,相互的交流也是用中文,英语口语没有得到充分的锻炼与提升。另外,我个人感觉总体课程还是过少,游玩居多,通过此次项目学习的内容不够多,我们对于美国的生活、学习文化的了解仅仅停留在近观层面,并不能亲身经历体验。这是我对于书院今后的海外课程研修项目的建议,希望书院通过不断改善,使学生真正地经历和体验外国的生活、饮食和文化。同时,我们也都希望自己能在有限时间里吸收到更多的知识。

对于自身未来的规划方面,这次的海外课程研修项目也给我带来了不小的影响。我喜欢美国大学校园丰富的人文环境和浓厚的学术气息,我也期望自己能在一个多元文化型企业中工作并历练。

中美教学差异之初体验

| 曾　浩

前往美国加州大学圣地亚哥分校的3周海外课程研修项目让我对美国的会计金融制度、英语教学方式以及美国人的生活方式有了更加清晰的了解，在此期间，我亦有幸参观了泰勒吉他工厂、高通公司这样的知名企业，也欣赏到了圣地亚哥美丽的海边景色。

以下是我的一些感悟。

一、中美教学差异

（一）会计与金融课程

会计与金融课程的教学本质是希望学生能理解和运用会计准则，其教学必然采用理论与实践结合的方式，这方面中美的教学方式是大同小异的，都是讲练结合。课程内容的差异也主要是中国与美国实行的会计准则不一致造成的。我们的课程从设计账户和会计分录开始，这部分与我们学习过的内容大致相似。一开始，我对课程内容感到困惑，主要是因为对专有名词不熟悉，如“journal entry”是会计分录，“balance sheet”是资产负债平衡表等，当我跨过语言的障碍，一切都豁然开朗起来。在逐渐理解美国的会计准则后，我个人觉得美国人设计会计账户似乎过于繁琐，缺少条理性。例如，在美国，买任何商品都要建立账户，如买电脑或打印机，为此还有附带的折旧账户，但在中国这些应是固定资产。我们学习了会计分录的内容，其与中国的会计分录大致相同，但是也有细微区别，如“account payable”和“accrued payable”，这两个名称在中国都为应付账款，在美国以有无票据分成两种，前者为有票据，后者无票据。我们还学习了永续盘存制（perpetual inventory system）和实地盘存制（periodic inventory system），并学习了先进先出法、后进先出法，后进先出法与先进先出法会影响企业的成本并最终导致利润不同，缴纳的税款也随之不同。此外，我还了解到许多之前没有学过的知识,例如,政府是会限定发行股票的数量的,企业发行的股票数量不能多于限额,但可以少于限额;“outstanding stock”是发行在外的股票,“treasury stock”是公司回购的股票;美国的会计年度并不像中国以 1 月 1 日为始,企业可自行决定等。

这些学习的内容均体现出中国与美国的会计教学均以各自的会计准则为纲。

通过对这些内容的学习,我对美国的会计准则有了更清晰的了解,同时也增长了见识,萌生许多感悟。在会计分录和会计数据的学习中,我渐渐发觉它们不只是僵硬的文字、符号,而是生动展现交易事项发生全过程的“音符”,它们让人们能直观地感受企业经营交易给企业的资产、负债、所有者权益带来的变化。会计其实不像人们习惯认为那般枯燥乏味,会计也可以是生动有趣的,只要你愿意与它为伴。

(二) 商务英语课程

中美英语的教学有着显著的差异,中国的英语教学注重学生对知识点的掌握,忽视了英语在学习和生活中的运用,学生在教学课堂上很少自己开口发言,这造成了中国的学生在阅读方面较强而口语和听力普遍偏弱的现状。在美国则不同,英语教学注重学生的语言表达,在教授语法等知识的基础上,更强调学生对英语的运用。商务英语课程就是通过运用手机应用程序做游戏的方式进行教学,充分调动学生们学习英语的兴趣,在和小组其他人一起赢得比赛享受成就感的同时,我们的英语应用能力也得以增强,而这在中国是很难体验到的。在中国,学生整节课都坐在椅子上听老师讲课,缺少运用英语的机会。因此,美国英语这种让学生在玩中学习的方式,不仅能使学生保持清醒,避免上课打瞌睡,还能让学生们在快乐中逐步提高自己的英语水平。

(三) 创新创业课程

创新创业课程与中国的就业指导、创业基础等课程类似,都是希望通过对学生的教育,引导学生了解未来的职业环境。但是中国类似的课程主要以理论和实践结合的方式教学,而美国课程则希望通过具体鲜活的例子让学生深层次的体会。创新创业课程通过介绍成功企业和失败企业的案例讲述做一个企业家需要具备哪些条件。要想成为企业家,我们必须拥有敢于冒险的勇气、敏锐的洞察力以及出色的交际能力。没有冒险的勇气,只想平稳的生活,这对企业家来说是致命的。商场的环境瞬息万变，机会转瞬即逝，若无冒险的勇气，我们将会被时代的潮流淹没。敏锐的洞察力指的是我们要善于观察细节，及时发现机会并洞悉企业经营环境的变化。出色的交际能力指的是能用最简短明了的语言煽动并说服别人为你投资。在课程的学习中，我发现美国企业家对企业的看法和中国企业家有着明显的不同，他们认为自己亲自创造的企业只是盈利的手段，如果价格合适，他们会毫不犹豫地将其出售。而中国的企业家们似乎会投入更多的情感在自己的企业中，将企业视作自己的孩子一般看待。当然随着高管、企业经理人等职业的普及，中国企业家在这方面也逐渐有所改变。

(四) 公司参访

我们的海外项目里有两个参访计划，分别是泰勒吉他工厂和高通公司。

参访泰勒吉他工厂的最大感受是他们将吉他的工艺流程把控得十分精确、严格，小到把控工厂环境的湿度、温度，从国外运来的木料要在适宜的条件放置几天才可以加工；大到工艺流程、工厂选址等都要严格控制。此外，泰勒吉他工厂倡导团结、友爱、负责的企业文化和氛围，正是因为对细节的把控才使泰勒吉他占据高端吉他市场三分之二的市场份额，成为吉他制造企业的领头羊。在参观完后，我们中一位懂吉他的同学还亲自体验了一把演奏泰勒吉他的快感，他连连称赞吉他的品质，这也从侧面体现其制作水准之高。

参访高通公司，让我深刻体会到专利的重要性，高通公司的专利收入竟可以占到公司总收入的 70%，卖芯片的收入仅占 14%。因此，科技投入与技术创新对高新技术企业是至关重要的。

(五) 图书馆

中国与美国的教学差异也体现在对图书馆的设计上，中国的图书馆是学习的延续，强调认真的学习，因此休闲设施较少，对学生的要求也比较严格，不允许学生在图书馆里讲话。在美国，图书馆会专门设有休闲区，在那里，学生们可以说话，可以吃些点心，也可以欣赏艺术作品。当然，如果学生想拥有绝对安静的学习环境，图书馆里亦有不允许讲话的地方。这样劳逸结合的设计，彰显人性化的关怀。UCSD 里的图书馆外形颇像上海世博会的中国馆，总共有八层，第一层是电脑房，在那里，学生们几乎没有人在玩游戏；第二层像一个巨大的讨论室，学生们可以在其中自由讨论，在这一层还有服务人员帮助学生答疑解惑，甚至还有小餐厅和咖啡厅；第四层到第八层则是学习看书的好去处，这里的环境绝对安静，桌子设在窗户旁，边学习边欣赏美丽的校园景观，真是令人心旷神怡。在图书馆，我选择了一本名为 *Phishing for Phools* 的电子书，这是一本我们微观经济学老师推荐的经济学图书。我对能看得懂全英文的书籍而感到高兴，尽管只是知道文章的书面意思，但我还是很有成就感。当我走进第四层的时候，一种亲切之感扑面而来，这里全是亚洲文学，中文书籍占一大部分，在书海中我挑了一本叫《坐看云起》的书，我一开始以为是一部小说，不曾想竟是民国时期的报刊文章集，类似于《意林》《读者》等杂志。在这本书中，我看到许多民国时期的散文，与如今的散文风格甚至内容都有些相似，竟也会讲到睡、梦、吃饭这些与人们生活息息相关的事。以前我认为战争动乱年代里的文学，应该都是报国的豪言壮语，直到看到这本书，我才发觉原来那时的文章并不全是家国情怀，也有体悟生活的。

二、中美文化差异

地大物博的中国孕育了闽菜、粤菜、川菜等菜系，蒸炒烹炸样样精通，但美国的饮食较简单，离不开汉堡和三明治，不过美国菜的味道还不错，就是偏咸。咸似乎是美国人最喜欢的味道，连蜜饯都是咸的。此外，鸡肉、牛肉也是美国人经常吃的食物，但猪肉很少吃到。可能因为猪肉在美国的需求不高，供给自然也不会多。美国人的饮料则主要是冷饮，热水很少见，这或许与其高热量的饮食结构有关，美国人的主食大部分是炸鸡块、炸薯条、汉堡、煎牛排等高热量的食物。

我和同学还去了海滩，虽然生在沿海省份，但我的家乡周围全是山，很少见到海，见到这么清澈湛蓝的海水，我是十分激动的。不得不说圣地亚哥将环境保护做得很好，在中国我很少见到如此清澈的海水。圣地亚哥的海滩上不仅有人，还有好多憨态可掬的海狮。或许是因为经常与人接触的缘故，这里海狮都不怕人，非常乐意成为人们的焦点。夕阳、海水、游客、海狮、沙滩构成了一幅静美的画卷，让人心向往之，这是人与自然和谐相处的典范。

每天下午吃完晚饭，我便和几个男生一起打篮球。篮球非常受美国人的欢迎，美国人的篮球水平也着实令人惊叹，我们遇到的美国球友都是篮球高手：上篮、三分、突破、挡拆，无不精通，这其中最让人印象深刻的是一位老爷爷，他不仅篮球技术一流，而且为人热情友善，当他得知我们没借到篮球时，便专门送了一个篮球给我们。在这里，人们只追求打球的快乐，并不把输赢看得太重。我虽然不擅长打球，但能交到这么多球友，也是一件值得高兴的事。

三、建议

1. 关于住宿环境

希望下一届的学弟学妹们能去一个周围都是外国人的大学,让他们没有用得上中文的机会,这样才能让他们尝试用英文说话,从而提高英文水平。在此次海外课程研修项目中,我们居住的宿舍楼里几乎全是中国人,因此丧失了许多练习英语口语的机会,着实令人可惜。如果可以的话,我建议学生们可以居住在美国家庭里,这些家庭可以统一位于一条安全的街道内,便于管理。住在学校宿舍固然十分安全,但同时也减少了学生们使用英语的频率,因为宿舍里都是中国人,没有说英语的必要。待在美国家庭里,便可以和房东们交流,同时街道上将有许多美国人,只要学生们愿意,就会有更多的机会提高英语口语,甚至可以交到一些美国朋友。

2. 关于项目向导

希望书院下次可以雇佣一位向导,在同学们有空的时候,他可以带我们在校园里四处走走看看。此次项目中虽然也有当地大学生带我们参观校园,但是她只带我们去了图书馆、医务室等必须知道的场所,至于校园其他的地方就没能来得及参观了。美国的大学校园面积普遍较大,若是只限定在大学校园的一小部分空间里活动,其实有点遗憾,毕竟这么大的校园,总有值得同学们去的地方。因此,希望书院请一位对校园十分熟悉的人做兼职导游,带同学们到各个学院瞧一瞧,看一看,了解学校背景和文化底蕴,一定能开拓视野。

海外访学后对中西教育体会感想

| 卫哲宇

2019年的暑假，我参加了由USIEA承办、序伦书院组织的加州大学圣地亚哥分校海外课程研修项目，这次的学习不仅让我了解到了美国的人文风俗，体会了美国的学习氛围，开阔了眼界，同时也让我对会计有了更深刻的了解，了解了会计的起源，以及我国会计记账方式与其他国家的区别。因此，在这里，我要对学校、序伦书院以及USIEA表示最诚挚的感谢。以下是我对于本次访学项目经历的感悟以及总结。

一、会计与金融课程

(一) 课程内容介绍

此课程主要涉及了财务报表、设计会计分录、会计账户等方面的知识。三门课程中让我印象最深的是会计与金融课程，这不仅是因为会计是我主修的专业，也是因为授课老师Mike总是用饱满的精神面对着我们，虽然他的年龄是几位老师里最大的，但是每天他都会提早到教室，询问我们对于之前上课的内容是否有疑问，并且耐心解答。此外，Mike老师的教案也是精心准备的，这也使得课程内容极其充实，每次上课我们都专心听讲，从不敢分心。会计与金融课程中有许多专有名词，老师还十分贴心地帮我们准备了中英文对照表，而且在一些关键知识点，尤其是会计计算的时候还会放慢速度，带着我们一步一步计算，并和我们核对答案，做到计算的每一步我们都能理解，他还会时不时提出一些问题，来检验我们的掌握程度。课堂中，Mike老师还会用一些企业的报表，训练我们会计实务的能力，让我们更有真实感。每当老师提出问题，同学们都会认真思考并热烈讨论，上课氛围良好。

(二) 课后感想

与中国相比，美国的会计准则细节有所不同，但大致规则相同，两种会计准则都是以国际会计准则为基础，根据自身国家情况而制定的。美国财务报表是由现金流量表、资产负债表和利润表三张表组成，会计分录的设计与中国也基本相同。课堂上，Mike 老师主要讲了制造企业的财务报表与会计科目，从材料采购、制造费用到库存商品和主营业务收入，这些都与大一学习的会计学原理相同，两个课程内容互相联系，可以帮助我们巩固会计学原理的知识，同时也能复习并发现自己欠缺的内容。经过学习，我发现，美国的会计科目更多，并且更注重实质，我认为主要是由于中美企业的管理方式以及中美的国情不同。中国会计准则是由国家统一管理和制定的，而美国主要是由民间组织设置的，因此科目更加灵活。同时，美国是资本主义国家，更加注重企业家收益，中国更加注重规范性。除了对于过去知识的回顾，会计与金融课程内容对于大二的课程也有很好的预习作用。对于会计与金融课程，我感觉十分满意，但是我还是希望能够增加课时，帮助我们更好地理解、消化知识，并且能够缓解学习压力。

二、商务英语课程

（一）课程内容介绍

商务英语课程是气氛最活跃的课程，Moira 老师是一位非常有活力的女性，她总是能激发我们上课的积极性，每节课她都会通过学习英文歌曲的方式，帮我们回顾上节课的知识。她也会通过课上课下两重推进的方式，帮助我们记忆单词。课上，老师会详细讲述单词用法、发音和读法，并教我们一些美式发音和日常用语，同时老师教的单词和我们的会计专业词汇也有关联，如对于数据走向的表达“fluctuate”（波动）、股市中常用的单词“bull market”（多头市场）等，都是对将来我们进入经济学领域非常有用的单词。课后老师还会用 Quizlet 来帮助我们记忆学习，并且在 Quizlet 上还有一些有趣的帮助记忆的小游戏，如将单词与词义匹配、选择题、单词拼写题等，同学之间还能比拼完成的时间，让学习过程更有竞争性和趣味性，同学们也更有学习的动力。有时老师还会设计情景，如让同学们扮演银行职员与客户，来模仿银行处理业务和公司员工开会时的情景，也让我们乐在其中。

（二）课后感想

相比于中国的应试教育，国外英语的教学方式更加轻松，更像是在娱乐中学习,让人更加容易接受,但中国的学习也有很多优点,如可以让学生学到更多单词和知识点,但可能会缺少实用性。对于商务英语课程,我认为这门课程可以增加单词量,在学习过程中,我清晰地感觉到可以轻松完成老师的任务,我希望能学习到更多有关美国文化以及口语的知识。此外,老师采用让学生相互竞争的学习方式非常值得我们学习与运用,这种方式可以充分激发学生的学习动力以及帮助学生们回顾与掌握知识点。

三、创新创业课程

(一) 课程内容介绍

除了以上所介绍的两门课程,创新创业也是一门十分有意义的课程,Brad 老师本身就是一名事业有成的企业家,他在课程上分享自己成功的经验,并且提供了大量的实例来佐证。他曾来过中国创业,经历过金融危机,面临过成功也遭受过失败,但他克服困难,跨过失败,成了一名年轻有为的企业家,虽然现在已经上了年纪,但是他还是致力于投资,并教育新一代人如何投资、如何成为一名优秀企业家。在课堂上他说过,创业的成功并不在于赚了多少钱,只有让企业在激烈的市场竞争中存活下去,才是成功。Brad 老师上课分享的各种事例,相信将来会成为我们十分宝贵的知识,为我们将来的创业、就业等提供经验。

(二) 课后感想

如今中国也在不断鼓励创业,这门课对我们未来的发展有很大帮助,也符合国情,相信这门课会成为我将来的财富。对于创新创业这门课程,我认为,老师可以放慢语速,有时可以对一些难懂的单词进行解释,很多时候我们听不懂单词,需要时间思考才能理解,结果错过了一些关键信息。而且我认为可以邀请更多企业家来分享,不同企业家也许对成为企业家有不同的理解,我们可以互相对比,来获得更加客观、全面的知识。

四、参观活动

除了三门主要课程以外,我们还有参观美国本土知名企业的活动。在上课之余,还前往当地工厂、商店、企业等地方体验美国的风情。

(一) 工匠精神

第一次的参访活动，我们去了泰勒吉他工厂，我们在那里参观了泰勒吉他的制造过程。他们对于木头产地的挑选，对木头存储环境的把控，对温度、湿度的详细管理，对放置时间的调控，每一步都有明确的规定。他们工作的井井有条，一丝不苟，更重要的是他们对于制造一把吉他的匠心精神，深深地震撼了我。正是在日益浮躁、追求功名的时代中，他们用超越常人的耐心与毅力，对于细节的孜孜不倦的追求，使得泰勒吉他成了世界上最好的吉他制造商之一。我们也应该这样，无论在什么样的环境中，坚持初心，不断坚持，向着自己的目标不断前进。在参观完工厂之后，我们还有机会能体验弹奏泰勒吉他，虽然不会弹，但是对于这样一件艺术品，我内心充满了尊敬。

(二) 坚持的力量

第二次参访我们来到了高通公司，作为美国通信企业的巨头，高通公司的资深员工向我们介绍了公司的发展史。高通公司于 1993 年创立，在各个项目中不断创新，引领通信行业的发展，2000 年时，高通公司除了创造了 CDMA 芯片和软件，并且具备了 GPS 技术，到 2007 年，高通公司已经成为世界领先的芯片制造商。在之后的时间里，高通公司仍然坚持初心，不断创新，在 2007 年年末为世界第一款智能手机制作了处理芯片。虽然高通公司在发展过程中也遇到过许多挫折，如在发展新型芯片时被人抢占先机发行，导致自己失去市场，但是高通公司也没有放弃希望，而是从失败中吸取教训，继续坚持研究，并且在之后成为高新技术的引领者。高通公司成功的背后有着公司员工的不离不弃，还有它对于初心的坚持。我对于高通公司的坚持非常佩服，我自己是个在生活中面临挫折就容易放弃的人，但是高通公司的事例让我觉得应该去尝试坚持，再努力一把，也许就能更进一步。

五、项目感受

为期 3 周的海外项目中，给我留下深刻印象的不仅有在 UCSD 的课程，还有圣地亚哥的风土人情和秀丽风光。我清晰地记得抵达的第一天，我坐在从飞机场驶向学校的大巴上，看着路上的风光，心中不得感叹圣地亚哥的环境与上海差异，圣地亚哥大多数的房子都是低层别墅，有的还带有自己的花园。虽然圣地亚哥多山地，道路有点崎岖，但是它的环境与建筑融为一体，让人能够时刻感觉到大自然的气息。我们居住的 UCSD 的宿舍装修也是十分漂亮,高大的建筑,宽阔的房间,以及宽松的床位,都让人十分满意,仿佛来到了宾馆中。学校的建筑也十分有特色,不同的教学楼有着不同的风格,最令我印象深刻的是 UCSD 的图书馆,它的外表看上去就像是一个来自未来的建筑,多用玻璃装饰。图书馆里的环境十分优良,其中包含计算机室、自习室、研讨室和读书室,并且图书馆的藏书从教科书、指导书到小说甚至报纸都有,几乎可以满足所有人的需求。在周末的活动中,我们还参观了圣地亚哥的沙滩,起伏的海浪,金色的沙滩,碧蓝的海水,飞翔的海鸥,都是在上海难得一见的美景。更可贵的是在沙滩上还能见到休息的海狮。

但是来到圣地亚哥后,除了我所叙述的这些美好的事物,我们也遇到了许多困难。第一,饮食文化差异造成的问题,在圣地亚哥,所有人都只喝冷水和冷饮料,据老师所说,他们生活中的饮料,可能只有咖啡是热的,虽然他们都习以为常,但是我们难以接受。第二,在圣地亚哥的餐厅中,很难找到饭或是粥,他们的食堂大多是培根、薯条、汉堡或是墨西哥卷,这让我们吃惯了中餐的十分不习惯,而且容易吃腻。除了饮食文化上的差异,我们还注意到在国外乘坐公交车的方式也存在差异。圣地亚哥的公交车会为残障人士提供特殊座位,并且会提供自行车放置点。中国在这些社会保障措施上做得不如圣地亚哥那么完善,但是相信将来会越来越好。UCSD 中基本没有羽毛球和乒乓球的场地,但是却有很多篮球场、足球场和网球场等。而在中国,乒乓球和羽毛球几乎是全民都会的运动。我们几个男生常会到篮球场和当地人打球,虽然我们技术并不好,但是他们非常热情,并且愿意给我们机会突破和投篮。其中一个老爷爷令我非常影响深刻,虽然他已经满头白发,但是他总是精神奕奕,几乎每天都能见到他在球场的身影,我们经常和他一起打球,互相切磋技术。在 3 周的海外课程研修项目中,我们与那位老爷爷建立了深厚的友谊,老爷爷送了我们一个篮球,并让我们在球上写下名字留念,我们还一起合影留下纪念。

六、中美文化差异

在完成了 3 周的访学后,对于中美文化的差异,我也有自己的一点看法与想法。

第一,最不同的还是教学的方式,美国更加注重培养学生的探索能力,老师把更多的时间交给学生,让学生讨论;中国教育则更多是老师讲、学生听,这也导致了学生们的创新和思辨能力有所欠缺，在教育模式下，学生容易习惯被老师灌输知识，导致学生缺少课前课后的自主学习，同时也缺少解决问题的能力，这样的学习不免变得效率低下。美国的教育方式更能激发学生的积极性，让学生主动思考，锻炼独立思考的能力。

第二，美国人的热情与中国也有不同。在圣地亚哥，几乎所有路上的人都会对人笑脸相迎，最令我印象深刻的是在我们将要回国，在 UCSD 留影合照时，路过的人会主动询问要不要帮忙拍照。他们的热情深深感染了我，但如果是我在中国遇到了外国人，我可能不会像他们一样热情，其中也有害怕有英语交流的原因。

七、对序伦书院的建议

经过此次海外课程研修项目，我认为序伦书院也可以从中吸取经验。书院可以培养学生在自主学习上的能力，可以通过榜样效应来鼓励同学们进行自主复习和预习。同时，书院还可以结合课程内容，提出与实际相关的课题。这样不仅能够激发学生的学习热情，使课堂知识更接近实际，同时也可以让学生了解更多国情。对于学习方法，我认为书院可以学习商务英语课程的上课模式，运用手机应用软件，让学生能在课后回顾知识，自主学习，并且增加学生间的竞争性，增添学习的趣味性，让同学更加有动力去学习。此外，书院还可以增加一些全英文的创新创业课程，这对于我们提升英语水平，掌握一些会计与金融专业相关的专有名词会有很大帮助。

对于这次活动，我也有几点建议。首先，希望活动能增加时间。3 周对于学习会计和了解当地人文风俗有些短暂，并且同学之间交流还是使用中文，锻炼英文的机会较少。其次，希望学院能增加锻炼英语口语的机会，让我们有更多经验应对以后可能出现的英语交流场合。最后，希望学院能增加课时，让我们多学习一点专业知识。

这次的海外课程研修项目让我了解到了中美课堂氛围、教学模式的差异，对我未来学业、职业规划都有了更加明确的指导。相信在未来，这次的海外课程研修项目经历会成为我一辈子的财富。

加州之行对高校教育的思考

| 程　越

海外留学这个话题的讨论在中国一直十分火热，而当今社会对于那些海外求学的学生的讽刺不绝于耳。多数人认为海外留学的学生群体中大部分是选择去国外混个文凭，然而相比之下国内高校教育近年来有质的飞跃，同时国内社会环境相对安全，所以他们认为出国留学就是个“亏本买卖”。但一切火热现象的形成并非偶然，一定有其背后的原因。因此，此次的海外课程研修项目给予我们一次考察海外留学是否具有优势的绝佳机会。

此次访学地点是加州大学圣地亚哥分校。访学为期 20 天，课程内容涉及会计与金融、商务英语和创新创业。在课程进行期间，我们海外课程研修项目团队也通过当地企业参访活动去了解美国企业的运作。在课余时间，我们也会前往大学周边自行游览，体验风土人情。

在本篇文章里，我会结合在美国高校课堂的学习、课程体验、高校硬件设施使用和参访活动经历来谈一谈中国高校应如何改进学生学习的外部条件，再延伸讨论序伦书院该如何对应地去改进。同时，我也会结合在美国当地的生活给出一些在国外生活的建议。

一、课堂教学方法篇

(一) 课堂讨论

有效的课堂教学建立在学生对课堂有效的投入上。这要求老师必须拥有优异的教学能力，具体体现在学术知识的渊博，更重要的是具有带动学生思考的能力。对大多数老师而言，要求他们具备改变学生主观能动性的能力比较困难，因此课堂内容就会包含讨论这个环节。课堂讨论的内容需要有深度且难度适宜，才能激发学生积极思考并发表自己的观点，进而在学术的未知领域不断探索。

1. 美国高校

此次海外课程研修项目的会计与金融课程，每次课堂是连续不断的 4 节课，需要一个上午的时间。其课堂模式是在基础知识的讲解过程中进行讨论，以加深学生对知识的理解，并结合知识点对案例进行讨论，实际的课堂有将近一半的时间用于讨论。课堂时间长、节奏缓慢，但是每一位学生都百分之百地参与到课堂当中，真正让课堂起到了传授知识和培养科学思维的作用。这样便形成了美国高校每学期课程数量虽然少，但是教学质量较高的情况。

2. 中国高校

中国高校的课堂时间普遍较短，老师教学以讲解和灌输知识为主。在课堂的多数时间里，老师会边讲解边写板书，学生记笔记并且努力思考和记忆。虽然教学进度很快，但是学生接受的程度一般。尽管课堂讨论在近几年逐渐进入国内高校课堂，但是老师抛出一个问题之后，让学生依次回答成了普遍现象。这种讨论实际未起到预期效果。

如学院开设的宏观经济学和货币金融学两门课程，其课程内容和学生作业均包括案例讨论。初衷是激发学生思考，这值得鼓励，但在课堂上以灌输知识为主很难让学生培养独立分析的能力。学生对此类案例讨论都以上网查找文献、翻看相关书籍等方式寻找类似的知识来完成，缺乏原创性。

从表面上看，这种案例讨论需要学生去自学一些知识，是对学生自学能力的锻炼，但在基础不牢的前提下闭门造车只会导致案例讨论无法达到预期效果，学生的学习效率也会降低。学习的跨度跳跃巨大，对于学生的学习能力没有较大的提高。国内高校图书馆，尤其是普通高校的图书馆就是典型案例。普通高校的学生接受知识的能力比较欠缺，但是自学意识并不弱，所以自学成了普通高校学生获取知识的主要途径。我们常常可以看到普通高校学生在图书馆主要拿着课本在学习，而阅读课外书所占时间却很低，在缺乏合适的教学方式下学生会投入过多的时间在课堂内容的学习上。

（二）情景带入

情景代入也是让学生积极参与课堂的方式。情景带入与学生的专业需要紧密挂钩，同时，情景带入的有效程度又和学生的知识基础成正相关性。

1. 美国高校

在访学期间的商务英语课程中，每次课程的学习都与商务和公司管理紧密挂钩，而课程的内容又与学生的知识基础相符合。例如，股票市场的简单原理、公司关于各方面资源利用的董事会议、申请银行卡和信用卡的业务流程等情景，都是学生在生活中耳熟能详的经典案例。基于这些经典案例，学生在带有熟悉感的情况下参与其中，才使得课程内容更有趣，学生参与的积极性更高。

2. 中国高校

国内高校也有课堂情景带入的例子，但是其缺陷在于情景带入所用到的知识是当堂学习的新知识或者是学生未来才学习的知识，未能做到将难度与学生学习知识的程度进行适当的融合。因此，该种情景带入所带来的效果就是学生在课堂上虽然了解了现象和其背后的原因，但是本质上还是知识的灌输，并未有对思考能力的提升，也没有对学生知识的掌握产生较好的效果。

二、大学软硬件篇

(一) 硬件

大学生良好学习的正向促成因素除了任课老师和导师之外，还有一个重要的硬件因素——图书馆。加州大学圣地亚哥分校的图书馆共有八层，第一层是“积极”(Active)层，允许积极交流，并允许食用饮料和食物；第二、四至七层是“安静”(Quiet)层，允许食用饮料和食物；第八层是“静默”(Silent)层，只允许安静的学习。这样的分类方法迎合了学生不同的学习需求，极大地提高了学生的学习效率。“允许”形式的规定方法从一定程度来讲比“不允许”形式的规定方法要更好。学生更容易遵照“允许”形式的规定，因为他们知道他们该做什么；而“不允许”形式的规定让学生不明所以，无法界定其界线的具体位置，更会出现混乱的现象。国内的高校图书馆基本没有这样的分类，所以不同学习需求的学生就会坐在一块。例如，有的学生就喜欢单独学习的环境，而有的学生就喜欢一起学习的环境，但是当两种学生坐在一块时，就会导致喜欢单独学习的同学效率不高，出现了反向的效果，丧失了在图书馆高效率学习的意义。

序伦书院作为荣誉学院，可以进行更多的创新。例如，多设置一间自习教室，将两间自习室的职能进行区分，一间用来讨论，另一间用来沉浸式学习，对高效率学习的外部硬件条件进行一次探索。

(二) 软件

1. 课内探索

序伦书院除了在硬件设施上可进行完善和学习方面的探索，还可以在软件方面进行探索。

序伦书院进行全新的教学制度创新，有一种设想就是“初期中文基础课，后期英文荣誉课”。在学科基础知识建设阶段，先用中文学习相关的课本知识，打下扎实的基础，不需要在初期有过高的要求，避免因语言能力欠缺的问题导致基础不稳。在学科基础打牢之后，有必要将视野从国内转移到国外，引导学生在学习能力方面有更高的提升。在长时间的实践之下，国外的高校课本被证明实用性和水平度更高，但往往因为语言问题，所以效果也并非很好。在语言基础牢固的前提下，学生才能具备学习国外课本知识的能力。对此，在学习要求上的建议是学生需要自主学习，根据课本的知识环节去仔细理解，将每一个环节紧密串联起来。因为国外大多数教材是循序渐进式的知识呈现，所以可以不必担心知识在短时间内的快速加深，唯一需要的是学生的沉浸式学习。

除了学生的自主学习之外，师资也需要与课本的深度、学生的能力匹配起来。

序伦书院于 2018—2019 学年第二学期的短学期开设了全英文授课的微观经济学进阶版，邀请了德州农工大学经济学系的华裔教授安永红教授前来中国授课。在授课期间，安永红教授得到了学生的广泛认可，其授课方式也与课堂非常相配，他的教学经验也给国内的教师带来了巨大的启发。因此，这次短学期课程的开展取得了巨大的成功，有许多值得借鉴的内容。

2. 课外实践

此次海外课程研修项目中，美国当地企业的参访无疑是最大的亮点。圣地亚哥这座城市不仅有美丽的海滩和风景，还有众多全球知名的企业，如泰勒吉他工厂和高通公司。我们有幸进入这些知名企业进行参观，高通公司因为内部的技术机密所以并没有向我们外部人员展示生产车间，但是泰勒吉他工厂向我们展示了部分的生产车间，使我们有幸窥探了其中的奥秘。

这次参访对于我们学生来说是一次成长，因为这是我们近距离接触企业内部的好机会，在此就不对生产车间的运作模式和生产车间的管理模式进行过多的赘述。我建议学校应多举办此类参访企业的活动，开拓学生的视野，以促进学生未来的成长。序伦书院在 2018—2019 学年举办了很多参访活动。因为团建活动的需要，所以大多数参访活动是参观红色基地。参访红色基地确实非常有必要，因为学生的政治思想建设在大学期间尤为重要。然而，增加社会中的见识也非常重要，这对大学生来说是一次有价值的经历，于未来工作或考研都非常有用。

参访高通公司期间，我又发现了一件有趣的事情。在高通公司的底楼大厅，有着一面专利墙。这面专利墙上贴满了高通公司申请成功的专利，在这些专利中,不乏一些微小的物件。虽然看似微小,但是高通公司还是费尽心思地去为其申请专利。从中足以看出高通公司乃至全美的所有公司有着较强的专利意识,国内公司与之相比,在专利意识上还是太过薄弱,常常无法维护自身权益,这值得我们去深思。

三、生活篇

一个人除了完成自身的事业,另外一件较为重要的事是与社会中的其他人群进行交往和交流。在美参访期间,与当地人交往对项目组的每一个成员来说都是无法避免的。因为我们处在陌生的环境,交流过程中时常碰壁,常常面临尴尬的局面。

(一) 语言问题

我们面临的第一个现实问题是语言问题。尽管我们团队整体英语水平较高,至少是大学生英语考试四级的水平,但是应试英语和应用英语的差别还是非常巨大的,即便是在国内大学读英语专业的学生可能也会很难适应。一个原因是当地人在日常讲话中常常会用到当地的俗语或者俚语,这会让国外游客感到困惑。另一个原因就是当地人的口音问题。在圣地亚哥,也常有带有口音的当地人,这和圣地亚哥这座城市的地理位置和历史有着很大的关系。圣地亚哥位于加利福尼亚州的南部,靠近墨西哥,在历史上,这里曾经是墨西哥的领土,所以在圣地亚哥这座城市,有许多墨西哥的后裔,或者是墨西哥人。因此,在圣地亚哥的大街小巷,如果看到一些门店的牌子是西班牙语也不必感到惊讶。在一次外出活动中,我向一位白发苍苍的老太太问路,但她说出的英语带有西班牙语的口音,充斥着弹舌音,所以很难听懂,我与她确认了很久,才获得了自己所要的信息。因此,即使有着较强的英语能力,也不要认为自己足以应付在国外的语言交流,现实生活往往会和理想有着巨大的差别。

(二) 文化差异问题

我们面临的第二个现实问题是文化差异问题。中国和美国有着不同的文化,所以在抵达美国之后,遇到的往往就是文化上的差异问题。文化分为可视文化和非可视文化,可视文化包括一个国家的服饰、美食、艺术等,非可视文化包括一个国家或者说是一个民族与生俱来的价值观。在跨国文化中,一直有一个“冰山理论”，就是在冰山的表面，你看到的都是可视文化，然而冰山的一角终究只是一小部分，在冰山的下面还有更多不为人知的秘密，也就是不可视的文化。这些不可视的文化甚至连当地人自己也没意识到。访学期间，我们团队基本没有遇到严重的文化冲突问题，至多让我们感觉困惑或者奇怪。最为典型的例子就是美国人无论是夏季还是冬季，都喜欢喝冰水。他们唯一会喝热水的时间是早餐里的咖啡或者茶。中国人基本无法适应喝冰水，由于UCSD内部的饮水机只提供冷水，我们所做的就是尽量在早餐的食堂多喝热水。另外一个例子就是在圣地亚哥这座海滨城市，当地人在海边游玩时，都会穿人字拖，但是人字拖有一个弊端，就是会让脚拇指分得比较开。虽然感觉奇怪，但是也可以选择去适应或者是自带拖鞋。

跨国文化冲突问题的唯一解决方法就是去逐渐适应它，尽管过程会比较痛苦。我们团队因为在美时间不是很长，所以也没有经历严重的文化冲突问题，但对于本人来说，在美国的20天，随着访学结束的临近，我已经渐渐难以适应美国的饮食方式，所幸在无法适应前回到了祖国。

四、项目感悟

此次海外课程研修项目也存在着一些不足。在课程方面，老师的能力是毋庸置疑的，但是课程进行得十分缓慢，究其原因，是我们团队匆匆来到美国，没有做好预习工作。因此，在下次的海外课程研修项目中，涉及课程的学习资料应提前下发供学生预习。在课堂教学环节上，我们团队以一个小班20人的形式上课，虽然接受的是美国的教学，但是没有近距离体验美国的课堂氛围，所以在下次的海外访学中，希望可以和国外的学生一起上课、一起学习，并积极参与到他们的小组讨论之中，真正体验到美国高校的课堂教学。在生活方面，我们团队所居住的区域主要还是以中国学生为主，而且这些中国学生也是和我们一样是来UCSD参加海外访学项目。平日里的体育锻炼如打篮球，主要还是和中国学生一起同场竞技，没有真正融入国外的社交环境之中。倘若没有居住在一个纯英语的环境，让你时刻保持说英语的状态，那么对于英语能力的锻炼也是极为不利的。

总而言之，作为序伦书院第一批海外课程研修项目的成员，我觉得此次访学经历意义重大。它不仅开创了序伦书院海外访学的先河，同时也为序伦书院的荣誉学院教学制度进行了体制上的探索。希望海外访学项目以后能一直办下去。

暑期访学实践
——中美课程教学对比

| 王晓童

在此次访学过程中，我不仅提升了自己会计与金融等方面的专业知识，也参访了许多著名企业，了解到他们的工作方式和工作环境，同时也让我对国内外教育和生活的差异有了更深的了解。我的访学报告分为三部分：课程学习概况、参访活动的收获以及项目感想及建议。

一、课程学习概况

项目时间为2019年7月29日至8月16日，历时3周，学习了36个课时的会计与金融课程、6个课时的创新创业课程以及12个课时的商务英语课程。UCSD主要运用美式的会计金融教学方式方法，我们可以在全英文环境中提升沟通技巧，学习美国文化，加深对美国文化与社会的了解，并提升商业领域的实践能力。

在会计和金融的课程中，我们学习了金融和会计的理论基础、资产负债表和利润表、金融关键概念、现金管理、应收账款和应付账款、存货折旧、管理会计的理论和应用、金融分析、在建工程和短期金融资产的管理和预算、本量利分析、增量决策分析、成本会计、资本预算、长期融资和风险管理。通过对会计与金融课程的深入了解，我认识到作为一名会计专业的学生，把重点放到交易的细节上是很重要的，少一个单词可能就会导致错误的发生，因此对于会计交易业务切记操之过急，对于每一笔会计业务都要认真对待。此外，我新学到的并且印象最深的一个知识点是阿尔特曼在1968年用来预测破产机会的ALTMAN Z-SCORE公式。这种方法可以用来预测一个商业组织在2年左右的时间内走向破产的概率以及可以通过使用多个资产负债表值和公司收入来帮助并成功预测和度量任何公司及企业组织的财务困境状况。它是一种数值测量方法，用于统计一个值与一组值的平均值的关系，用离平均值的标准差来度量。如果ALTMAN Z-

SCORE 为 0,则表示数据点的分数与平均值相同;它为 1 则表示离平均值有一个标准差。ALTMAN Z-SCORE 可以是正的,也可以是负的,正的分数表示高于平均值,负的分数表示低于平均值。ALTMAN Z-SCORE 是对观察结果可变性的度量,可被股票交易者用于确定市场波动。通过会计与金融课程的学习,我不仅更好地复习和掌握了之前熟悉的知识,同时对美国的会计准则也有了一定的了解,更清楚了中国和美国会计准则之间的不同之处。其中最大的收获是让我了解到一些从未学过的新知识,为接下来的中级财务会计和金融学的学习打下了一定的基础。在会计与金融课程的课堂上,我感受到最大的不同是美国教授更注重课堂上的实践,会通过不断的练习来发现问题以促使学生逐渐掌握知识,然而在中国大多数教授比较重视理论,而把练习和实践留到课下让学生自己完成。我认为在课上一起练习可以更好地解决学习中所遇到的问题,能够更好地掌握知识,对每一个知识点有更详细的了解。

在商务英语课程的学习过程中,我深深感受到了国外课堂与中国课堂的不同之处。英语老师每次上课之前都会让我们听一首与经济有关的英文歌来调动课堂气氛,并且每次上课之前,老师都会将课堂要讲的主要内容按顺序罗列在黑板上,并在下课的时候进行总结。第一节课是学习描述图表的词语,虽然在国内已经学过,但是进一步的学习使得我们对这些词汇更加熟悉,课下老师也会让我们通过一些习题来巩固所学知识,Quizlet 上的排名可以激发我的学习兴趣,促使我多次练习。同时,英语老师讲课时十分有激情,在课堂上总会通过各种游戏以及比赛让我们在愉快的氛围中学习知识,我认为这一点是国内大多数老师做不到的。此外,老师还会将我们分为不同的小组,让我们能够与多人进行对话以增加口语锻炼的机会,同时也能够更快地适应不同的英语表达和交流方式,学会随机应变。

创新创业课程分为 3 个主题讲座,第一个主题为什么是企业家精神;第二个主题为商业模型、预估损益表和宣传平台;第三个主题为成功和失败。

第一个主题讲座,让我了解到创业是设计、启动和经营一个新的企业的过程,创建这些企业的人被称为企业家。企业家是为自己工作的人,他们的收入来自出售自己设计或购买的产品。Facebook 的创始人马克·扎克伯格认为,创业家精神是创造变化,而不只是创造公司;马云认为,成为企业家的关键是保持乐观,作为企业家,你必须作出牺牲,永远不要等待一切事情都为你准备好。此外,大多数企业家是后天培养的,而不是天生的,有许多企业家在很年轻的时候就开始创业,但也有许多企业家在大学毕业之后才开始创业。老师讲到,42%的企业家一直是企业家,但有 58%的企业家是从为传统的公司工作转变为企业家的。成功的企业家有一个共同的特质,他们都具有强烈的信念即认为他们的行动可以控制结果。他们在别人看到问题的时候能看到机会,且具有高度的风险承受能力。企业家应该知道创业不仅仅只是一个想法,创业还需要一套技能,包括行业知识、实践、网络和地理知识。此外,创业很少是一次性的决定,只有少数企业家只创办了一家初创公司。

此外,老师还提到,创业者陷阱是创业型领导的一个常见的问题,他认为只有少数创始人能成功地领导一家成熟的公司。资金、人员和技术是创业成功最大的障碍,其中获得资金是最大的问题。此外,找到具有成熟技能的人很难,但找到有正确价值观的人更难,若想要企业长久存活下去,建立具有深厚技术知识和广泛业务技能的团队是必要的。而在公司管理上,公司要识别有潜力的员工,对促进公司发展或节省成本的公司员工进行股权奖励。而在公司的创新方式方面,要多询问他人的想法和意见,不同的观点会碰撞出更好的想法。

在第二个主题讲座中,我了解到公司应在每月的开始进行预估损益表的编制,通过业务模式和关键业绩指标作出假设,规划员工数量。

在第三次主题讲座中,老师带我们了解一些真实的成功和失败企业的例子,我们认识到机会永远是留给有准备的人的,而机会有时不会只敲一次门,它可能会敲很多次。第一,你必须能听到他的敲门;第二,你必须有能力抓住这样的机会。通过创新创业课程的学习,我不仅了解到企业家大多数并非天生的,而需要通过自己不断地努力与牺牲,同时也了解到了创业过程的艰辛以及一些创业的经验与教训。

二、参访活动的收获

除了日常的学习之外,本次海外课程研修项目为我们安排了两次参访当地企业的活动。我们第一次参访的是 1974 年建立的泰勒吉他工厂。“只做最好的吉他”是泰勒吉他工厂创办的信念,它在吉他的木料、做工等各方面都极其考究,也在不断挑战人类制作吉他技术的极限,展现其在吉他制作上的深入与执着。泰勒吉他采用高新技术以及自动化设备,不断改进吉他的制作过程,同时在吉他制作过程中不断地发现问题并提出解决方法,因此它远远领先于其他吉他品牌,成为全球著名企业。在工厂店中,由于一些工序是自动化的,我并没有看到许多的工人,但自动化制作的每一步都有专业人员进行检测以确保每一步都是正确的。此外,吉他制作过程的步骤十分详细,但他们明确分工以促使制作过程的高速运转。我认为中国工厂也可以不断加强企业的自动化程度,用机器替代一些简单重复的人力操作步骤,让人力能够从事更加高精尖的工作。虽然之前并没有接触过吉他,但是在工厂中看到吉他一步一步精细的制作过程和每一个工人的细心认真,我明白了每一个成功的背后都需要有人认真对待,正是因为这种细细打磨、追求完美的工匠精神,才创造了泰勒吉他工厂的成功。通过此次参访,我也暗暗提醒自己,之后在做每一件事情时都会要认真对待,仔细检查,以确保每一步是正确的,因为只有这样才能够真正领先于他人,才能够有所作为、有所成就。

我们第二次参访的是高通公司。它创立于 1985 年,总部设于美国加州圣地亚哥,是全球 3G、4G 和 5G 技术研发的领先企业。它最初起源于一个想法、一份协议、一项协定,七位有识之士于 1985 年决定创建高通公司。如今,它已经在全球 40 多个国家和地区设立了 170 多个办事处,但当初的想法一直延续至今从未改变,人类的天性就是永远不会停止追求。高通公司是探索者,通过寻找新的方式将人与事物和经历联系起来,用更强大的能力和更吸引人的体验改变亿万人民的生活。高通公司发明的基础科技改变了世界各国沟通的方式,开启了移动互联时代。今天,高通公司发明的基础科技催生了那些改变人们生活的产品、体验和行业,并且引领世界迈向 5G。新一轮蜂窝技术的变革将激发万物智能互联的新时代,并在网联汽车、远程健康医疗服务和物联网领域创造全新机遇。高通公司始终以创新为核心,除研发大量的新技术外,它有一个目标,即致力于研究新的方法来改进全球通信技术。30 多年来,它为研发投入巨资,创造了数以千计的创新性理念、方法和产品,从而改变了无线通信世界。通过这次参访,我不仅感受到高科技技术的先进,感受到创业的艰难,也了解到高通公司的财务报告、企业文化内涵,同时让我明白作为人类,我们应该成为推动世界进步的一部分而不是等待世界的进化与发展。因此,我们应在日常生活中学会思考,不断钻研,用自己的力量、自己所学的专业知识,不断推进世界的进步和发展。

三、项目感想及建议

在海外课程的学习过程中,我感受最深的是国外的教学方式,国外教学更加注重实践和学生的课堂反馈。在课前,国外教授会发放一些资料来指导同学预习,课堂即将开始时,国外教授会在黑板上写上本节课程的重要知识点便于同学理解。在课堂上,国外教授讲解课程时大多会使用黑板进行重要知识点的例题拓展,会更加注重学生的反应、与学生不断互动;而在国内,大多数老师主要通过PPT 进行知识讲解,较少讲解例题,或在黑板上进行重要知识点的一个归纳和总结。在课下,国外教授较少布置作业,主要依靠学生的自主性完成对课程的进一步复习或者预习;而在国内,老师会布置一些作业交由学生完成并提交,因此学习逐渐变成一种被迫做的事,从而大大降低了学生学习的兴趣和自觉性。在此次的会计课程中,每堂课老师都会通过几道习题从头到尾一步一步地帮助我们理清思路和知识点,而不仅仅是单纯的理论灌输,更多的是注重实操和练习。在英语和创新创业课程中,老师总会通过各种各样的课堂活动为学生创造一种积极且愉快的氛围,如小组抢答、角色扮演以及一些增强团队凝聚力的活动。而国内大多数老师不会过多地进行实践练习而是倾向于留课后书写的作业,这或许与课程内容较多、课程时间较紧有关。通过中美课程教学方式的对比,我建议国内教学应该增加一些实践性的课程,而非仅限于理论学习,同时也应该逐渐增加学生的学习兴趣而非被迫学习。

通过参访著名的企业,我感受到要想做好一件事,需要每个人的努力和认真,同时感受到高新科技的力量,也更好地了解了企业的工作方式。除了参访活动让我学到许多实践内容外,在美国生活期间,我感受深刻的是美国人的热情和礼貌。外出坐公交时,司机师傅会在站台处等待远处赶来的人,每次下车的乘客都会远远地对司机师傅说一句“谢谢”。在国内,我们也应该对为我们服务的人表达感谢。

我希望书院在今后的项目中,能够增加对学习成果的检验以确保海外课程研修项目的教学质量及学生的学习效果。此外,我希望在出国之前能够组织一些活动或讲座,让同学们对所到之处有一些基本的了解以促进学生更好地适应和融入国外的学习和生活。在开展项目期间,希望能够多组织与当地学生交流的活动,使我们切身地融入当地文化之中,深入了解文化差异。在美国高校学习,让我感受到一种轻松愉快、注重实践的学习氛围,因此也建议书院能够多增加一些实践活动,让学生能够学会思考、学会创新、努力实践,而非仅仅局限于书本上所学的知识。建议今后参加海外课程研修项目的同学,能够充分利用国外的书籍或学术网站去拓宽自己的知识面,也可以为自己当下所做的学术项目搜集一些国内无法获得的文献资料。

论中美教育和文化差异

| 韩心远

为了进一步提升自己的学习并开阔眼界，2019 年的暑假，我来到了美国加州大学圣地亚哥分校参加为期 3 周的海外课程研修项目，此次美国之行让我们对美国的文化、生活、教育等各方面都有了较为直观和深入的体验和了解。对此，我对序伦书院与活动承办方 USIEA 深表感谢，以下是我个人对于此次海外项目的一些看法和感悟。

一、学习篇

初到美国的生活是充满挑战的，虽然接受过多年的英语教育，但是真正在生活中运用英语还是第一次，所以多少会有一些担心和不自信，尤其是在一个需要纯英文沟通的国家。我遇到的第一个问题是难以用完整的句子表达自己，多数时间说出来的内容是零碎的。不过在真实的沟通交流过程中，零碎的语言加上肢体语言，完成正常的信息交换和交流问题不大，但这也让我认识到了在真实的全英文环境下我需要提升的东西还有很多。在第一个星期里，英语对我来说就是一种训练和学习任务，每次说话前一定会先准备好要表达的内容，但是交流过程中依旧会有很多问题，会导致语言表达的模糊和互相的不理解。而在每天和老师、当地人交流沟通的情况下，我也慢慢开始融入这样的语言环境中。

总结一下此次访学中我所感受到的中美教育差异：一方面，我们的高校教育对于学生思辨能力的培养是不够重视的。交流是激发思维最有效的方式，但由于教育资源的稀缺，小班化讨论的机会不多，而学生组建的社团又过分宽泛，缺乏足够好的环境让学生交换意见，探讨真知。我并不是说有求知欲的大学生少，而是我们的环境不能促进这种求知欲的交换和再创造。另一方面，社会竞争白热化，大学生普遍大二开始找实习找工作，很多人把大学当作通往社会的跳板而不是桥梁。社会价值观的单一化又导致大学生对学习的忽视甚至彻底放弃。毫不夸张地说,许多人的学习之路在进入大学的那一刻就终结了。美国的教育体系以科学为第一准则,即使是文科课程也不例外。就算是会计学都需要扎实的统计基础来支持研究,美国高等教育体系以追求真知为目的,哪怕只是学习了大半个月,却可以尝试用这一领域的视角来剖析很多事实,获得很多前所未有的观点,并以此达到思想的开拓。你习得的是一种思维方式而不是基础的理论知识。

中国人认为孩子天生就是一张白纸,只有在老师的教授下才能获得知识并掌握技能;而美国人认为,每个孩子天生就具备卓越的才华,老师的作用只是通过启发将孩子的智慧引导出来。因此,中国的教育关注学生具体"学到"什么,学习的内容重在对"外部世界"的认知,而对自我认知和人际世界的认知,基本是空白的;而美国的教育更在意学生在学习过程中是否真的"会学",除了认识"外部世界",更要求孩子借由认识外部世界去更好地认知人际世界和自我内心世界。这种教育本源认知上的不同,造成了中美在教育标准、教育方法、教育策略乃至教育结果上的不同。而且,习惯于外部驱动的中国学生与习惯于内部驱动的美国学生相比,较缺乏自律、好奇心、创新能力、积极主动和独立精神。

中国与美国的国情大不相同,所秉持的历史与文化观念也决定了两国之间的教育会存在差异。但我无法轻易断言一个教育体系是否完全错误,抑或绝对正确。但我相信,目前两国的教育体系,必定不会轻易发生改变。稳定目前各自的教育体系,并学习彼此对本国有益的部分,这就是锦上添花了。

二、生活篇

除了学习,双休日的参访活动也给我留下了非常深刻的印象。

第一周,我们参访了泰勒吉他工厂,我们从一个开放的厂房开始本次的参访。第一个到达的房间,里面存放着各种规格的面板,那里有一个大机器,夹着很多粘好的木板。再往工厂里面走是一个小工作室,里面的人在认真工作,他正在处理吉他音箱孔位置的细木条。出了这个小工作室,可以看到两个据说价值百万的机械手臂,正拿着吉他做打磨。在参访之前,我是有心理准备的,按照美国各行各业极具标准的惯例来想,泰勒吉他工厂一定是不会让人失望的。结果也是如此,我惊叹于美国的制造业,从工厂外部的环境,到工厂内部,每一个地方都让人感觉舒服,也可以想像在这里工作的员工一定也是十分舒心的。走进一个以木头为主要材料的工厂，没有刺鼻的味道，没有漫天漫地的木屑。除了喷漆环节，工人甚至不需要佩戴任何的防护口罩等工具，厂房的每个角落都整洁干净。

第二周，我们参访了高通公司。我们了解到高通公司的创始人欧文·雅各布斯、CDMA之母海蒂·拉玛等传奇人物，也了解了高通公司的创业史。在高通公司的初创时期，它也尝试研发和销售手机，但是在2000年时，高通公司作出了重要决定，将手机生产业务与网络设备业务外包，专注于技术开发和授权，以及半导体芯片的研发。正是这个正确的决策，带给了高通公司更丰厚的回报。高通公司净利润的70%都来源于专利许可费，这是全球绝无仅有的商业模式。

"读万卷书，行万里路"。美国之行，除了丰富的生活、学习经历之外，我们也结伴在美国自助游，感受了美国城市的人文历史、自然景观。此外，我们在UCSD也感受到了一流大学浓厚的学术氛围，我们参观了图书馆和知名企业，对美国的经济文化也有了更深刻的体会。通过课余时间对城市的观光游玩，我们也体验到了美国各类的公共交通工具和各种饮食文化，我们增长了见识，锻炼了语言应用能力，让美国之行的体验更加深刻全面。

走出去才能更了解外面的世界，也才能对我们自己的国家有更深刻的认识，不妄自菲薄，也不盲目骄傲。很感谢学校给予我们此次海外交流的机会，不仅丰富了我们自身的生活和学习经历，让我们更了解了美国的文化教育和生活，同时也让我们有机会为传播中国文化贡献个人的一点绵薄之力。

三、建议

以下是我对于UCSD项目本身的一些建议：

(1) 由于宿舍周边大都是同样来UCSD留学的中国小伙伴，课堂上也只有我们20个人一起上课，希望在美国的课堂和生活能更沉浸式、更有氛围。我希望能有机会与美国的学生一起上课，感受真实的美国课堂的气氛，同时也能进一步了解本地文化，充分锻炼英语口语。

(2) 在课程安排上，我希望加入一些金融类的课程，由于中国与美国会计准则的不同，会计与金融课程对于我们帮助有限，而商务英语课程过于简单，不适合花费过多时间在上面。

(3) 我希望访学期间的课程资料能在项目开始前下发，让学生预习，熟悉课堂内容。

(4) 我希望能安排一位当地同学当作我们的向导,虽然第一天的确是有一位当地学生带我们参观了图书馆和医务室,但还是希望在课后或周末能有一位专门的向导带我们了解美国大学的标志性文化建筑和历史内涵。

三、国际化人才培养建议篇

对序伦书院国际化人才培养的思考

| 戎晓英

2019 年,我通过了序伦书院举行的海外课程研修项目的英语资格考试,经综合素质评比,我有幸被录取,与其他 19 位同学共同参加 2019 年暑期加州大学圣地亚哥分校海外课程研修项目。

一、海外访学项目主要内容

暑期加州大学圣地亚哥分校的海外课程研修项目的时间为 2019 年 7 月 28 日至 8 月 17 日。在结课时,我们进行了拍照留念(见图 1)。在此期间,项目学习课程内容包括:会计与金融教学、创新创业、商务英语等。整个项目的课程安排旨在帮助参加项目的学生了解和掌握美国的会计、财务以及创业和管理。此外,我们参加了校内外的社会活动,并通过这些活动加深对美国文化与社会的了解和感知,学习和提升商业领域中的相关能力。

图 1　与课程老师合影留念

二、海外课程研修项目课程设置

序伦书院举办的海外课程研修项目与上海其他高校的海外项目不同，整个项目课程安排合理充实，针对性强。参加项目的学生通过认真学习，能够在各个方面获得进步。就我个人而言，通过这一次的海外项目学习，收获颇丰。

第一，此次项目采用全英语授课，对于我们这些已经习惯于中文授课的中国学生而言，适应全英文授课给每个学员都带来了巨大的挑战。上课时我们必须全神贯注地抓住老师讲课的内容，不仅要听懂，还要理解，同时还要回答老师的提问。这次的海外项目给我的英语水平带来了极大的提高。

第二，这次的海外课程研修项目中所涉及的财务和管理会计方面的内容较多，包括会计标准、财务报告，存货的核算，应收和应付账款的处理、小额现金账户及其管理，管理会计及预算等，这对于仅学过会计学原理的我来说也是颇有新鲜感的。会计与金融课程是这次项目的核心，涉及内容广，资料多，所以收获颇多，为我今后进一步开展专业学习开阔了视野，夯实了基础。

第三，海外课程研修项目中还包括创新创业课程，课程内容的三条主线分别为：何为创业；创业的商业模式；创业成功与失败。授课内容还包括对商业模式、创业形式、创业的资金筹措、创业成功和失败的案例的分析。通过对创新创业课程的学习，我对创业有了一个全新的认识。

第四，这次的海外课程研修项目中，还有一门重要的课程——商务英语。商务英语课程的内容主要是会计与金融方面的专业英语和一些专有名词。这对于我们中国学生在扩大英语词汇量和实际运用方面非常有帮助，同时也有助于我们听懂专业课内容，加深对专业课相关内容的理解。商务英语的教学特点是在课堂上通过 Quizlet 软件进行英语学习。

总之，这次的海外课程研修项目内容充实，我学到了很多。美国课堂的教学模式和方式、方法也给我留下了深刻的印象。例如，和谐友善的师生互动，轻松愉悦的课堂氛围，手机应用在课堂教学的作用等。

三、海外项目期间的各类实践活动

在为期 3 周的海外课程研修项目中，书院为我们安排了 3 次活动，分别是圣地亚哥城市观光、泰勒吉他工厂参观和高通公司参访。

在我们到达圣地亚哥后的第一个周三,我们进行了城市观光游览。这也让我们直观感受到了中美文化的差异。当时,我和室友进了一家冰激凌店,我们那时还不清楚支付小费的规则,直到完成购买走出店外,才回想起来我们没有支付小费,我们最终折回补上了小费。也是因为这次经历,我们在之后的用餐时,都会注意小费的支付,做到入乡随俗。

在第二周的周三,我们集体参观了泰勒吉他工厂(见图 2)。Taylor Guitar 的品牌信念是只做最好的吉他。我们在参访制作过程中,看到他们分工明确,并且大部分制作都是以手工为主。同时,木料是音色灵魂之所在,因此他们致力于寻找世上最好的木料来成就泰勒吉他的最好音色。在走访过程中,我们也看到泰勒吉他工厂为了保存木材而设置的不同温度区域。工厂内吉他制作工序有条不紊,让我们着实很震撼。

图 2　泰勒吉他工厂

在最后一周,我们去了高通公司(见图 3)。高通公司是全球 3G、4G 与 5G 技术研发的领先企业,目前已经向全球多家制造商提供技术使用授权,涉及世界上所有电信设备和消费电子设备的品牌。在企业的参访中,负责人给我们介绍了手机的发展历程和高通公司在市场上的竞争历程,我们深刻感受到了科技的进步之快以及科技力量的伟大。

图 3　高通公司访问证

四、海外课程研修项目对个人职业学业生涯规划的帮助

对我个人而言，参加这次海外课程研修项目的学习成果是显而易见的，这些收获会对我现在和将来的学业和成长带来难以估量的促进作用。

（一）对当前学业带来促进作用

一方面，参加此次项目学习，无论是全英文的专业课、商务英语课程或是创新创业系列讲座都大大提升了我的英语应用能力。除此之外，还有平日里日常生活英语的运用，这是参加国内任何一个英语强化班都无法达到的效果。它进一步夯实了我的英语基础，提高了我的英语应用能力，这对我目前在校的英语学习带来巨大的促进作用。另一方面，该项目中会计与金融课程的学习，全方位地讲解了以前我没有接触过的会计学知识，为以后的专业基础知识学习作好铺垫，也对我今后学习中级财务会计知识带来一定程度的便利，相对减轻了学习压力，增强我学习中级财务会计知识的能力。

(二) 对今后的就业带来帮助

这次的海外课程研修项目让我更流利地使用英语,也给我带来了学习英语的动力,随着我对英语的继续学习,我的英语水平还会有所进步。上海是国际大都市,也是金融中心、航运中心、国际贸易中心,当地的外资企业、中外合资企业、外向型企业比比皆是。毕业求职时,英语也会是用人单位在招聘人员时的重要考量之一。从这个意义来讲,该项目的学习会为我今后的就业带来帮助。另外,创新创业课程也教会我们如何从一个管理者的角度看待企业问题,这也促使我们用更加全面、宏观的眼光看待问题。同时我也会尝试按照管理者的思路做好工作,这有利于个人工作能力的不断进步和完善。可以说这次的海外课程研修项目对我今后就业方向的确定影响深远。

五、对于序伦书院国际化人才培养的建议

1. 暑假海外项目在时间和内容上可以适当增加

从这次暑期的海外项目时间上看,3 个星期似乎有点短,如果能适当延长项目的时间,增长到 1 至 2 个月,那么可以安排更多的学生交流活动,也能更好地提升学生对国外大学教学模式的适应度,提高学生海外学习的效果。如有可能,还可以在寒暑假安排时间为半个月的短期海外项目,以增加序伦书院假期海外学习项目的频度,使海外课程研修项目在培养书院学生的国际化能力中发挥更大的作用。

2. 建立更广泛的海外名校的联系机制

序伦书院可以多渠道地拓宽海外项目的接触面。序伦书院组织安排的海外项目应不局限于美国的名校,还可以与加拿大、英国、澳大利亚和新西兰等英语国家的名校建立中国学生短期项目,这样可为所有在序伦书院的学生提供更多的海外项目的学习机会,拓宽序伦书院具有国际化水平学生的覆盖面。

3. 积极争取获得校方支持

序伦书院可以加大对学生参与海外项目的资金投入,为书院的优秀学生提供更多参与海外学习的机会,以国际化人才培养为导向,逐次提高项目水平,努力将其建设为精品项目。

4. 与发达国家的名校建立校际培养学生的合作机制

序伦书院可在校方的支持下,尝试与发达国家的名校建立多渠道合作模式。

可试点选拔优秀学生到国外名校学习1～2个学期的课程，所学课程由学校和海外合作学校共同认定学分，并抵扣国内培养方案里相应的学分。这样可以拓宽书院国际化人才培养的渠道，使国际化人才培养多元化。

5. 引进国际化的专业老师，建立荣誉金课

序伦书院可以先行试点，在书院的学生中挑选20名，条件是高考英语成绩在115分以上者(满分150分)，成立一个全英文教学班级，聘请海外名师，采用国外教材，运用国外大学的教学模式和方式进行授课。若效果显著，可以在试点的基础上，逐步推广到全体序伦书院在读学生，为序伦书院培养国际化人才打下坚实的基础，同时也可进一步提高序伦书院的知名度。

六、对于序伦书院提出的教学建议

参加此次海外项目，我印象最深的是手机应用软件与教学的有机融合，手机软件可以更高效、更快速地反馈学生对学习内容的掌握程度。在这方面，如果序伦书院在教学中也能采用这种方式，那么对学生而言，可在课堂上立即检验自己所学的知识，及时查缺补漏。对教师而言，他们也可及时发现学生所学的不足，并针对性地加以指导，这样可以避免学生对所学知识一知半解，同时，也可以使得老师能在第一时间内知晓学生掌握所学知识的程度，完成授课进度。